"十三五"职业教育国家规划教材

现代职业人教育丛书

现代职业人
认识职场篇
（第二版）

微课版

XIANDAI ZHIYEREN RENSHI ZHICHANG PIAN

霍彧 主编

苏州大学出版社

图书在版编目(CIP)数据

现代职业人. 认识职场篇 / 霍彧主编. —2版. —苏州：苏州大学出版社，2019.11(2022.8重印)
(现代职业人教育丛书)
ISBN 978-7-5672-3044-6

Ⅰ.①现… Ⅱ.①霍… Ⅲ.①职业选择-高等职业教育-教材 Ⅳ.①G717.38

中国版本图书馆 CIP 数据核字(2019)第 264343 号

现代职业人(认识职场篇)

第 2 版

霍　彧　主编

责任编辑　周建兰

苏 州 大 学 出 版 社 出 版 发 行
(地址：苏州市十梓街1号　邮编：215006)
苏州市深广印刷有限公司印装
(地址：苏州市高新区浒关工业园青花路6号2号楼　邮编：215151)

开本 787 mm×1 092 mm　1/16　印张 11.75　字数 242 千
2019 年 11 月第 2 版　2022 年 8 月第 4 次修订印刷
ISBN 978-7-5672-3044-6　定价：39.00 元

图书若有印装错误，本社负责调换
苏州大学出版社营销部　电话：0512-67481020
苏州大学出版社网址　http://www.sudapress.com
苏州大学出版社邮箱　sdcbs@suda.edu.cn

前言 Preface

现代职业人（Modern Business Employee）教育丛书共有五个分册，分别为认识职场篇、能力素质篇、就业指导篇、创新创业篇、职业素质训练教程，2020年入选"十三五"职业教育国家规划教材。内容涉及现代职业人理念、企业文化理论与企业规范、能力素质结构理论与职业核心能力、企业现场5S管理模式与职业素质养成、职业生涯规划与就业指导以及创新创业理论与方法指导。这些知识与技能的有效整合，可以使大学生们能够在今后充满竞争的职场环境中脱颖而出，取得骄人的成绩。

本套丛书通过理论教学与案例分析相结合的方式，阐述了如何立足职场、纵横职场、成就职场的路径与方法，并试图激励学生不遗余力地去成为一个现代职业人，成就属于自己的辉煌人生！

对于一名热爱教育的人来讲，最渴望的就是能把自己的想法与经验分享给自己的学生，帮助他们成长。2001年秋，太仓"德国企业技术工人培训中心"第一次开除学生，理由就是"走路脚跟拖地，没有激情，将来不可能为企业创造太大价值"，这一事件极大地震撼了我。经过多次与德国企业人士的访谈，反复思考，向全体学生提出了要成为具有较高职业素养的现代职业人。2010年8月，在国内率先成立了职业素质教育中心，建设职业素质教育体系，以切实推动学生的职业素质培养工作，努力培养好现代职业人。2013年11月，经过多次讨论，把"让每一个学生成为幸福的现代职业人"作为学院的办学导向之一而固化下来。

在长达十几年的时间里，我面向学生，先后举行了几十次讲座。这些讲座深得学生的喜爱，在校内外反响很大，而期间撰写的讲稿也就自然成了现代职业人教育丛书的基础。我带领学院的辅导员团队开始了"现代职业人"课程建设，在大家的努力下，不断增减、修改、补充，终于形成了现代职业人教育丛书。该套教材吸收了最新研究成果，观点新颖，案例翔实，文笔活泼，具有较强的可读性。由于我长期在高职院校工作，教材中的案例选用以高职学生为主，但教材的目标读者不局限于高职学生，因为现代职业人这个理念适合于所有将要走进职场、走上工作岗位的大学生。

为使广大师生更方便地使用教材，本套丛书提供了相关视频教学资料。

本书由霍彧担任主编，并负责教材的统稿与终审工作；李心婳、李春青、李奕、刘丹、万春秀、周懋怡担任《现代职业人（认识职场篇）》副主编。另外，吴成炎、王志明也参与了编写工作。

在此，我们要感谢直接和间接为本教材贡献重要观点、实践经验的所有企业家、同事、朋友及学生；感谢责任编辑周建兰女士，她尽职尽责、热情联络、严谨审稿、及时反馈，在整个过程中给予我们极大的支持；也要感谢我们的家人，在编写本套丛书的过程中，一直理解、支持和鼓励我们。

霍　彧

2022 年 5 月 16 日

目录 Contents

第一讲　了解现代职业人 ………………………………………………… 1
　　1.1　现代职业人简介 …………………………………………………… 1
　　1.2　现代职业人的职业形象 …………………………………………… 6
　　1.3　现代职业人的职业操守 …………………………………………… 14

第二讲　认识职业生涯规划 ……………………………………………… 21
　　2.1　职业生涯概述 ……………………………………………………… 21
　　2.2　职业生涯规划 ……………………………………………………… 26
　　2.3　职业生涯规划理论 ………………………………………………… 34
　　2.3　高职学生职业生涯规划 …………………………………………… 40

第三讲　自我认知 ………………………………………………………… 44
　　3.1　自我认知概述 ……………………………………………………… 44
　　3.2　职业性格 …………………………………………………………… 49
　　3.3　职业兴趣 …………………………………………………………… 61
　　3.4　职业能力 …………………………………………………………… 66

第四讲　价值观与职业 …………………………………………………… 71
　　4.1　价值观 ……………………………………………………………… 71
　　4.2　职业价值观 ………………………………………………………… 78

第五讲　探索职业世界 …………………………………………………… 86
　　5.1　职业世界认知 ……………………………………………………… 86
　　5.2　职业世界探索方法 ………………………………………………… 89
　　5.3　选择专业还是职业 ………………………………………………… 93

5.4　高职生的职业目标 …………………………………………… 96
第六讲　职业沟通 …………………………………………………………… 102
　　6.1　职业沟通认知 ………………………………………………… 102
　　6.2　职业沟通应用 ………………………………………………… 115
　　6.3　职业沟通的关键能力素质 …………………………………… 121
第七讲　规划职业生涯 ……………………………………………………… 130
　　7.1　职业生涯决策 ………………………………………………… 130
　　7.2　目标与行动计划 ……………………………………………… 142
第八讲　撰写职业生涯规划书 ……………………………………………… 151
　　8.1　职业生涯规划书的含义与类型 ……………………………… 151
　　8.2　职业生涯规划书的结构与撰写 ……………………………… 154
　　8.3　职业生涯规划书撰写注意事项 ……………………………… 158
第九讲　求职前期准备 ……………………………………………………… 164
　　9.1　获取就业信息 ………………………………………………… 164
　　9.2　准备求职材料 ………………………………………………… 169
　　9.3　求职心理调适 ………………………………………………… 175

附录　气质类型测量表 ……………………………………………………… 179

第一讲　　了解现代职业人

随着经济全球化的不断深入和国家经济结构的调整,"转型升级"已经成为我国企业的首要任务。由此带来的企业对人才的要求的改变与提升,也正在迫使并推动着中国高等职业教育的转型升级。李开复先生在《给中国高校的一封信——请培养21世纪企业需要的人才》一信中如此说道:"在21世纪里,现代企业最需要的不仅仅是个体上优秀,或只拥有某方面特质的'狭义'的人才,而是能够全面适应21世纪竞争需要的,在个人素质、学识与经验、合作与交流、创新与决策等不同方面都拥有足够潜力与修养的'广义'的人才。"这也告诉了我们,作为高职院校,必须重新审视我们的教育教学,必须改变我们原先的育人理念与方法;同样,作为受教育者的学生,也必须要清醒地认识到"如何让自己成为一个受现代企业欢迎的人"已经变得愈发重要。

1.1　现代职业人简介

1.1.1　现代职业人相关概念

一、什么是现代职业人

现代职业人(Modern Business Employee),是苏州健雄职业技术学院在2003年首先提出的一个理念,目前正受到越来越多的关注。

所谓现代职业人,是指以追求实现自己职业生涯最大成功(最大价值)为目的而进行活动的主体。随着企业文化理论的出现和经济社会的飞速发展,现代企业管理正从刚性管理向柔性管理转化,从而把人从"经济动物"逐步转变为"自我实现人",特称为"现代职业人"。

把现代职业人理念引入职业教育领域,可以说是对职业教育人才培养目标及理念的一次更新。培养现代职业人也可以通俗理解为帮助个人（学生）实现岗位职业化，使其做任何事情都是职业选手，即使其成为具备现代职业意识、现代职业能力、现代职业道德、现代职业形象和现代职业精神的高素质现代化人才。借用毛泽东同志的话来理解现代职业人这个概念，就是"召之即来、来之能战、战之必胜"的永远追求卓越的现代职场人。

这五种应届毕业生最受欢迎

1. 态度端正。面试时要做好充分准备。没有准备，说明应聘者对面试不够重视。面试时应聘者要求更好的待遇是可以理解的，但要结合自身的能力来提要求。面试时应届毕业生张口就问自己能得到什么，这是不成熟的表现。

2. 能吃苦耐劳，愿放下身段做基础工作。近几年，大专/技校的毕业生更受企业的青睐，其中最主要的原因在于他们更愿意吃苦，更愿意放下身段从事基础工作。

3. 有职业操守，对公司有忠诚感。应届毕业生岗前培训和留职任用一般需3~6个月，甚至更长时间。待毕业生成为正式员工后，才能享受企业正式员工的待遇。有些毕业生刚掌握了一定的技术，立即离职，企业很不欢迎这类员工。

4. 不投机取巧，具备真诚等品质。真诚是企业考核员工的重要因素，投机取巧不利于企业品牌的创建和口碑的传播。应届毕业生在自身工作能力还不突出时，能打动招聘者的往往是自身所具备的优良品质。

5. 稳定性高，不能刚熟悉工作就离职。稳定性是企业招收应届毕业生的主要顾虑因素，尤其是中小型企业要考虑到对应届毕业生的前期培训成本，如果应届毕业生工作稳定性太差，企业将面临既损失培训成本又无人可用的尴尬局面。一个应届毕业生不能刚熟悉第一份工作就离职，这对公司的销售、生产会造成影响。

二、"自我实现"与职业生涯成功

1. 自我实现

自我实现，是美国著名的社会心理学家马斯洛在他的需求层次理论（Maslow's Hierarchy of Needs）中提出的，是人的最高层次的需要。它是指实现个人理想、抱负，发挥个人的能力到最大程度的需要。达到自我实现境界的人，接受自己也接受他人，具有较强的解决问题的能力、较强的自觉性，善于独立处事，能够不受打扰地独处，能完成与自己的能力相称的一切事情。也就是说，人必须干称职的工作，这样才会使他们感到最大的快乐。马斯洛提出，为满足自我实现需要所采取的途径是因人而异的。自我实现的需要是指努力实现自己的潜力，使自己越来越成为自己所期望的人物。

2. 职业生涯成功

职业生涯成功的定义不止一个，对不同的人来说，职业需求不同，职业目标各异，其成功的标准就不一样。有的人以获得高社会地位和社会声望的职业称为成功；有的人以拥有一个薪资不低、安稳轻松的职业算是成功；有的人获得了很多金钱，于是有一种财富的满足感和职业成功感；有的人把勤奋努力工作并取得成绩看作成功；有的人把事业辉煌、充满了工作成就感视为成功；还有的人以因自我的存在能帮助许多人，使他们高兴和感到满足，同时也实现了自我的价值，作为自己的最大成功。总的来说，以"自我实现"为特征的现代职业人的职业生涯成功有如下几种情况：

① 个人的价值取向、能力和特质与其所选择的职业相适合，且在这一职业岗位上，工作得心应手、顺心、顺利。

② 个人有自我职业目标，无论是初就业便一直在某种职业岗位上，还是历经坎坷，发生多次职业流动或转移，最终个人既定职业目标得以实现，这就是一种职业的成功。

③ 在所从事的职业工作岗位上，尽心尽力、尽职尽责，做出突出成绩，本人有一种自我满意感、成就感，或者得到组织、同事的认同，这也是一种职业的成功。

④ 勇于创新，在没有出路时敢于"另辟蹊径"，大凡这样的人，必是有所建树、有所成就者，所以这也是一种个人的职业生涯成功。

把信带给加西亚

艾尔伯特·哈伯特所写的《把信带给加西亚》一书，首次发表于1899年，随后风靡全世界。这本书阐释的理念到今天仍然散发出理性的光辉。一百多年过去了，时至今日，它仍稳居世界畅销书的排行榜上。

当美西战争爆发后，美国的军队必须立即跟西班牙的反抗军首领加西亚取得联系。加西亚在古巴山间的丛林里，没有人知道确切的地点，所以无法带信给他。美国总统必须尽快地与他联系，取得其合作，究竟应该怎么办呢？

有人对总统说："有一个名叫罗文的人，有办法找到加西亚，也只有他才找得到。"

于是他们把罗文找来，交给他一封写给加西亚的信。关于那个名叫罗文的人，如何拿了信，把它装进一个油纸袋里，封好，吊在胸口，3个星期之后，徒步走过一个危机四伏的国家，把那封信交给加西亚——这些细节都不是本书所关注的，本书所要强调的是：美国总统把一封写给加西亚的信交给罗文，而罗文接过信之后，并没有问："他在什么地方？"

是的，罗文为什么没有提问，显然他也不知道加西亚在什么地方。但是在他接过这封信的时候，他就以一个军人的敬业精神和高度责任感接过了一个神圣的任务，也许他会因为这个任务而付出生命。

这本书之所以能畅销不衰，正是它倡导了这种理念：对工作的信念与敬业精神。对于职业人士也需要加强这种敬业精神，对上级的命令，立即采取行动，全心全意去完成任务，"把信带给加西亚"。

当人们对工作的难易程度、待遇的高低、工作环境的好坏等斤斤计较、怨声载道时，有没有经常自我反省：与社会提供给我的回报相比，我是否付出了足够的努力？我对工作足够敬业吗？如果我是与罗文同时代的人，"把信带给加西亚，我能吗？"……像罗文这样的员工，他们诚实正直、睿智大度、坚毅进取，是最受企业欢迎的。

1.1.2 现代职业人五大职业素养

现代企业最看重的是员工的能力素质，都将员工的能力素质作为判断个人潜力的标准。

能力素质就是指一个组织为了实现其战略目标、获得成功，而对组织内个体所需具备的职业素养、能力和知识的综合要求。职业素养就是指组织对员工个人素质方面的要求，如价值观、特质、自我形象及动机等，职业素养是一种较深层次的能力素质要求，它渗透在人们的日常行为中，影响着人们对事物的判断和行动的方式。现代职业人应该具有以下五大职业素养：现代职业意识、现代职业能力、现代职业道德、现代职业形象和现代职业精神。

一、现代职业意识

现代职业意识是作为现代职业人所必须具有的意识，是人们对职业劳动的认识、评价、情感和态度等心理成分的综合反映，是支配和调控全部职业行为和职业活动的调节器。具体表现为：与时俱进、思路清晰、定位准确、自强自立，这是现代职业人自我发展的前提。

二、现代职业能力

现代职业能力是指现代职业人从事某种职业活动必须具备的、影响职业活动效率的个人心理特征。人的职业能力是由多种能力叠加并复合而成的，它是人们从事某项职业必须具备的多种能力的总和，是择业的基本参照和就业的基本条件，也是胜任职业岗位工作的基本要求。具体表现为：合作互助、自控自律、惜时好学、科学高效，这是现代职业人创造成功的工具。

三、现代职业道德

现代职业道德是指同现代职业人的职业活动紧密联系的符合职业特点所要求的道德准则、道德情操与道德品质的总和，它既是对职业人在职业活动中的行为标准和要求，同时又是职业人对社会所负的道德责任与义务。具体表现为：爱岗敬业、诚实守信、公平公正、顾全大局，这是现代职业人成功机会的保证。

四、现代职业形象

现代职业形象就是将个人形象和组织形象有机地结合起来，个人形象通过职业群体形象的特征表现出来，符合某类特定的职业角色，反映出良好的职业风范，从而提升组织和个人的形象，有利于开展工作，具体表现为：尊重他人、优雅大方、举止文明、谈吐得体，这是现代职业人抢先一步的途径。

五、现代职业精神

现代职业精神是指与人们的职业活动紧密联系、具有自身职业特征的精神，反映出一个人的职业素质。现代职业精神不是一般地反映社会精神的要求，而是着重反映一定职业的特殊利益和要求；不是在普遍的社会实践中产生的，而是在特定的职业实践基础上形成的。它鲜明地表现为某一职业特有的精神传统和从业者特定的心理素质。具体表现为：乐观豁达、敏锐主动、开拓创新、追求卓越，这是现代职业人永葆竞争优势的动力。

故事案例

一

一位年轻人来到绿洲，碰到了一位老先生，年轻人问老先生："这里怎么样？"老先生却反过来问年轻人说："你的家乡怎么样？"年轻人回答："糟透了！我很讨厌。"老先生接着说："那你快走吧，这里跟你的家乡一样糟。"

后来另外一位年轻人来到了绿洲，并问了老先生同样的问题，老先生也同样反问了年轻人，年轻人回答说："我的家乡很好，我很想念家乡的人、花、事物……"老先生则对他说："这里也跟你的家乡一样好。"

旁听者感到很奇怪，问老先生："为什么你前后的说法不一致呢？"老先生说："你要寻找什么,你就会找到什么!"

二

老王是一家公司的业务主管,他招聘了小赵、小孙、小李三个年轻人担任业务员,做业务难免会经受各种各样的困难与艰辛。

小李在遇到挫折之后,回到公司就向老王抱怨说:"都是你叫我进来的,都是你害得我这样。"

小孙在遇到挫折之后则是这么想的:反正我有底薪嘛,我天天叫主管请我吃饭,月月领底薪。

而小赵在遇到挫折之后则告诉自己:我要有耐心,不能因为一时的挫折就沮丧,就算要离开,也要先向成功者请教。

结果,小李很快就离开了业务岗位,而小孙则在三个月考核期过后也离职了,只有小赵留了下来,并且业绩越来越好。

其实,只要你保持积极的心态,一心追求成功,那么你就可以成功。

查阅相关资料,选择典型案例进行学习,深入解读现代职业人应该具备的五大职业素养。

1.2 现代职业人的职业形象

常言道,干一行就要像一行,所谓职业人形象,其实就是让人家看起来就像干这行的样子。也就是说,你的穿着打扮、与对方交流……都能让人家看出你像不像干这一行的人。

当你准备买票乘坐高铁的时候,脑海中就会浮现出一个个高铁的乘务员,她们青春秀丽的容貌、精致漂亮的制服、甜美动人的微笑、柔和温婉的声音、干练优雅的动作及细致入微的服务;当你想起乐团的指挥,脑海中又会浮现出一个头发虽然有点稀疏的老人,但其头发梳得干净利落,领结打得漂漂亮亮,穿着合身的燕尾服,裤子烫得笔挺,手上拿的金属棒银光锃亮……这一切就是个人形象与职业形象相结合的体现。每一行每一业都应该有个像这一行这一业的样子。

现代职业人的职业形象包含很多方面,如职业人的气质、仪表、语言、举止、服饰、礼仪,以及特定的组织文化背景、职业素养在行为和仪表方面的体现等。职业形象不仅重视个人仪表与礼仪技巧,更重要的是职业形象背后蕴含的内在精神,即职业化精神的力量。

1.2.1 职场着装礼仪

穿衣的基本原则是什么?服装穿着礼仪有"TOP"原则,即"时间、身份、场合"三原则。

"TOP"原则如图1-1所示。

什么样的穿着是不正式的?首先,我们要知道"三点不露"的原则,就是不露肩膀、不露脚趾和不露膝盖。其次,牛仔裤与奇装异服都不正式。

选择衣服时要考虑穿衣者的年龄、体形、肤色、性格和职业等因素,但最重要的是整齐、干净,并让对方感受到自己的重视和对这次活动的尊重。

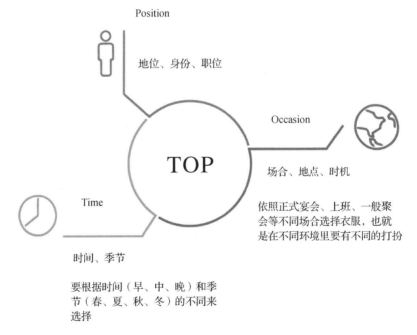

图1-1 "TOP"原则

一、男士篇

1. 西服

男士的服装通常是西服,西服通常为参加商务活动、拜访他人、开会等工作场合或参加社交活动时的穿着。西服上装和长裤要同色、同材料,颜色以深色为主,夏天可以穿浅色西服,但不建议在正式场合穿。皮鞋和袜子的颜色要与上装颜色搭配,如穿着深色西服,应搭配深色的皮鞋和袜子,不建议穿深色皮鞋搭配白色、米色等浅色的袜子。

穿西服时,对扣子也有讲究,一般根据西服扣子的数量,采用不同的扣法,如

表1-1所示。

表1-1 西服扣子的扣法

扣子数量	方法
单颗扣	扣上扣子
两颗扣	扣第一颗扣子
三颗扣	扣第一颗或前两颗扣子

穿着西服时还有其他注意事项。坐下的时候，可以松开扣子，但站起来时必须扣上扣子；皮带应保持在肚脐的位置；西服的口袋里不可以装杂物；领带的长度不可超过皮带扣环的下缘，领带夹的位置在衬衫的第三、第四颗扣子之间；领结的位置应在中间，不可以歪斜。

2．领带

下面介绍领带的四种打法。

（1）温莎结

温莎结是因温莎公爵而得名的领带结，打出的结呈正三角形，饱满有力，适合搭配宽衬衫，这是最正统的领带打法（图1-2）。建议宽边先预留较长的空间，绕带时的松、紧会影响领带结的大小。

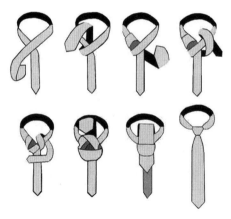

图1-2 温莎结

（2）浪漫结

浪漫结结形较为完美，形状对称，线条顺直优美，可以按照褶皱调整结形大小，适用于尖领、宽领等多种具有浪漫色彩的衬衫（图1-3）。

图1-3 浪漫结

（3）亚伯特王子结

亚伯特王子结看上去略微倾斜，但整个结比较扎实，在正式中稍显浪漫，适合搭配扣领及尖领衬衫。质地柔软的领带宜选用该结（图1-4）。

图1-4 亚伯特王子结

（4）十字结

十字结适合搭配浪漫的尖领及标准式领的衬衫，使用细款领带比较容易上手，适合不经常打领带的绅士（图1-5）。

图1-5 十字结

二、女士篇

出席正式场合，可依照不同场合穿着旗袍、礼服、套装等。比如，白天可以穿短旗袍，晚上可穿长旗袍或长礼服，再搭配披肩，以增加整体美感。

衣服搭配得好坏以个人主观审美为主，但应遵循如下基本原则：不要穿太过抢眼的服装，如大红大绿、装饰过多亮片的服装；服装的配色以深浅搭配为主，如果上装是深色的，下装就应该搭配浅色的。女士着装应以套装、晚礼服、洋装等服装为主，不要佩戴过多的珠宝首饰。

在办公室时，可穿着套装或衬衫，搭配及膝裙、裤装，建议穿有跟的鞋子，以简单高雅的款式为主。办公室是较保守的环境，不建议穿着过于高调。但由于每家公司风格不同，有些公司会允许员工穿着较休闲的衣服，所以也可依公司规定穿搭。

出席正式场合时一定要化妆。化妆是出席正式场合的基本礼仪，但妆容不宜过度夸张，佩戴的饰品也不宜过多，否则会显得俗气。

可选择一些饰品搭配，饰品包含手表、手环、项链、耳环、胸针等，如果不知道怎么搭配，就选择简单高雅的款式，这样就不会造成喧宾夺主的情况。

女性的鞋子款式很多，但正式场合不能穿平底鞋、凉鞋、马靴及露脚趾的高跟鞋。

1.2.2　职场仪容仪态

从一个人的仪容仪表往往可以看出其生活态度、生活质量、个人素质、道德情操等，也可以推断出其对事业的态度。因此，仪容仪表是现代职业人要关注的一个重点方面。

一、仪容打理

1. 头发

通过某个人的发型，便可以准确地判断出其职业、身份、所受教育程度、生活状况及卫生习惯。所以要想改变个人形象，给人以好的印象，首先要从"头"做起。发丝保持干净整洁，一般两天清洗一次头发为宜，夏天可适当增加频率。

发型要大方、高雅、得体、干练，前发不要遮眼遮脸为好。男士不留披肩长发，不剃光头，不留怪异发型。发色应庄重和谐、不夸张，与工作场合、工作性质相符合。

2. 手与指甲

当你与客户握手时，当你把文件交到客户手上时，当你举杯与客户共祝合作愉快时，一双干净修长的手和经过精心修护的指甲无疑会增加你的印象分。勤洗手，时时保持手部干净。干燥季节，洗完手后最好涂上护手霜，以免皮肤干燥粗糙、给人留下做事不细致的印象。指甲每星期剪两次、修一次，长度以不超过指尖为宜。健康美观的指甲应该是纯净透明的，没有污垢，顶端磨圆。

3. 男士胡须

男士若胡子一大把，会让人觉得邋遢没精神；若胡须没有理净，也会给人留下办事不利索的印象。为了让合作对象对你有个好印象，为了不给竞争对手"可以抓住的把柄"，一定要让你的下巴干干净净。

4. 女士妆容

修饰容颜是女性的特权，不进行任何修饰的女性算不上完美的女性。作为有品位、有气质、优雅又精致的职业女性，更不可以素面朝天。因此，职业女性要掌握好职业环境中彩妆的造型技巧，学会基本的职业彩妆的画法。随着化妆品的升级换代和中外时尚品位的日益融合，如今职场流行裸色面妆。裸妆的"裸"字并非"裸露"、完全不化妆的意思，而是妆容自然清新，虽经精心修饰，但并无刻意化妆的痕迹，又称为透明妆。

二、个人仪态

仪态包含站姿、走姿、坐姿和蹲姿等，得体美好的仪态可以与服饰相辅相成，展示良好的职业形象。

1. 站姿要挺拔

直立，脚尖向外打开呈45°角，双手自然下垂或在体前相握。上半身挺胸收腹，背部挺直。脖颈尽量向上拔，腰部也要尽量向上拔。不要仰脸，下腭部微收，引颈向上时不要耸肩，肩部放松，双肩平齐、舒展，精神饱满。

2. 走姿要平稳

行走时要平稳、轻快，身体不宜左右摇晃或声响过大，遇到上司、客人、同事要行点头礼，并稍做停留让路，以示敬意。陪同上司和客人走路时，要稍后退，以示谦恭。

3. 坐姿要端正

在较正式场合，坐时上身端正挺拔，不可以把腿、脚伸直呈半躺半坐状。坐时保持背部挺直，不论是坐沙发还是坐椅子，都要保持浅坐姿势（坐1/3座位深度）：男性两膝间要容得下一拳左右的距离，或双膝与肩等宽；女性两膝则要求并拢，也可两腿交叉。与人正对面时要侧坐，严禁懒散。

4. 蹲姿要优雅

准备蹲下时，要一只脚在前、另一只脚在后，再将两腿向下蹲，前脚全着地，后脚脚尖着地，挺胸抬头，保持优美姿势。蹲下捡东西时，站在物品右后方，以一脚在前、一脚在后的方式向下蹲，上半身保持挺直，膝盖并拢。穿着低胸套装或裙装的女士，要用手稍微按一下领口或裙子。

女性的蹲姿有两种，分别是交叉式蹲姿和高低式蹲姿（图1-6）。

交叉式蹲姿　　　　　　　　高低式蹲姿

图1-6　蹲姿

1.2.3　职场社交礼仪

一、介绍礼仪

1. 自我介绍

自我介绍要注意以下几个问题：

① 时机是否得当。地位比较低或者希望别人认识自己时要自我介绍，在就餐、休息和交谈时介绍效果好，行进中介绍效果不好。

② 先递名片再进行介绍。因为名片上头衔职务都明白地写了出来。

③ 时间要简短，长话短说，短话少说。

④ 内容要完整，单位、部门、职务、姓名要一气呵成。单位不要用简称。

2. 介绍他人

介绍他人时要注意以下几个问题：

① 谁当介绍人。家里来了客人，女主人是介绍人；单位来了客人，公关人员当介绍人。

② 介绍他人认识之前要了解双方的意愿，找一个双方都认识的人来充当介绍人。

③ 注意先后顺序。先介绍主人，因为客人有优先知情权，这是对客人的尊重。

二、握手礼仪

微笑握手是中国人的常规礼仪。握手时要认真看着对方，面带笑意，必要时寒暄两句，"欢迎光临""我们又见面了"，不要默默无语。

一般来讲，握手停留三到五秒，稍微握一握，再晃一晃，稍许用力，握力在两千克力左右。

介绍双方时，先介绍地位低的，地位高的人先伸手。男士和女士握手，女士先伸手；长辈和晚辈握手，长辈先伸手；上级和下级握手，上级先伸手。实际上是前者对后者的接纳。如果客人和主人握手，客人到来时，一般主人先伸手，表示欢迎；而客人离开的时候，一般是客人先伸手，表示让主人留步。

三、电话礼仪

在办公场所，接打电话应注意善始善终，礼貌而微笑地接打电话，吐字要清楚，语音要适中，不要忘记电话应对中的呼应，要养成左手接打电话、右手准确记录的好习惯，重要内容要复诵确认。接听和拨打私人电话不得超过三分钟。且尽量安排在非办公时间处理私人事务，上班时间不要长时间接打私人电话。

1. 打电话前做好准备

打电话前写好备忘录，避免遗忘事项；准备好记录本，随时记录；查阅对方号码，确保不误拨。

2. 拨打电话

拨通后，确认对方姓名及公司，要热情礼貌地说："你好！我是……"如需与有关人员通话，应有礼貌地请对方传呼或转达；如告知对方的内容较复杂，应主动提醒对方做好记录。逐一将事情说明，通话要简明扼要，突出重点、要点；讲求效率，围绕公务主题；通话结束后，确认对方已放下话筒，然后放下电话。

3. 接听电话

如何接听电话，这是许多大公司作为培训员工职业化程度的一项内容。不管是在公司还是在家中，凭电话中的讲话方式，就可以基本判断出其"教养"的水平。

铃响三声内将电话接起，微笑而礼貌地说："您好！这里是……"若通话内容复杂，或有不清楚的地方，最后应将要点复诵一遍，以免遗漏或有偏差。如果确定不是本部门的事情，应礼貌地告知其应当联系的人员或电话。

通话结束后，若是对方打来的，应等对方先挂机；若对方接听，则自己先挂机；若对方是长者或上司等处于高位的，则应等对方先挂机。

4. 电话留言

如果对方需要留言时，要边听边记录，明确几大要素：谁、什么时候、哪里、什么事、为什么、怎样了、回电号码。一定要复述一遍，以免自己记错。

告诉对方自己的姓名。如"我是某某，请放心，我一定会转告她的"。

代理电话要负责。最好把留言记录直接交给本人，口头留言要确保准确无误后通知到本人，而不是随便把留言纸放在该同事桌上就完事。即使自己有事要离开，也要委托他人进行转告。

四、接待礼仪

接待或拜访是很多企业员工的一项经常性的工作。在接待和拜访中的礼仪表现，不仅关系到自己的形象，还关系到企业的形象。

1. 热情相迎

对来访者，应起身握手相迎，对上级、长者、客户来访，要起身上前迎接。对于不是第一次见面的同事、员工，可以不起身。不能让来访者坐冷板凳。

2. 认真倾听

认真倾听来访者的叙述。不要轻率表态，应思考后回答。对于能够马上答复的或立即可办理的事，应当当场答复，不要让来访者等待或第二次来访。对来访者的无理要求或错误意见，应有礼貌地拒绝，但不要刺激来访者，使其尴尬。也要注意避免中断接待。

3. 委婉地结束接待

要结束接待，可以婉言地提出借口，也可用起身的体态语言告诉对方本次接待就此结束。

根据所学的职场礼仪知识，自查平时生活中时常忽略哪些礼仪礼节，思考如何能成为一个有礼有节的现代职业人。

1.3 现代职业人的职业操守

1.3.1 职业操守的含义

操守，指人的品德和气节，它是为人处世的根本，在人们的工作、生活交往和社会进步中作用非凡。职业操守是指人们在从事职业活动中必须遵从的最低道德底线和行业规范。它具有基础性、制约性特点，凡从业者必须做到。

职业操守是一个很大的概念，是人们在职业活动中所遵守的行为规范的总和。它既是对从业人员在职业活动中的行为要求，又是对社会所承担的道德、责任和义务。一个人不管从事何种职业，都必须具备良好的操守，否则将一事无成。良好的操守构成我们事业的基石，不断增进我们的声誉。

1.3.2 职业操守的内容

一、具有诚信的价值观

在业务活动中一贯秉持守法诚信,这种价值观是通过每个员工的言行来体现的。

1. 遵守公司法规

遵守一切与公司业务有关的法律法规,并始终以诚信的方式待人处事,是我们的立身之本,也是每个员工的切身利益所在。和企业签了合同,就要遵守约定和承诺;在一个岗位,就要履行岗位职责。每个人都应该按要求履行自己在岗位上的承诺,没有做到,就是不守承诺、违背了职业人的基本准则。职业化的核心就是诚信。

2. 诚信应聘

以真才实学示人;在评聘过程中,企业特别强调诚实守信;频繁跳槽者会有信任危机。

3. 诚信工作

诚实对待客户;不要随便承诺;更不能欺骗客户;竞争的最大法则是生存,那么生存的立足之本是诚信。工作中要做到诚信,首先要了解企业的核心诉求是什么,其次了解自己的责任是什么。要把公司利益放在第一位,个人利益放在第二位。员工的安身立命之处是企业,那你就不能想着把个人利益放在第一位,这就是诚信。

4. 为企业尽责

员工的责任心就是企业的防火墙。许多企业的崩塌与员工的责任心缺失有关。责任心有三个阶段:

(1) 做事之前要想到后果。

(2) 做事过程中尽量控制事情向好的方向发展。

(3) 出了问题敢于承担责任。

培养责任心首先就要做好职业生涯规划,对未来有明确的目标和认识,这样就会增强自身的责任意识,对自己负责,也对企业负责。

宝洁公司对人才的需求

宝洁特别喜欢能对公司做出贡献,且能开创一个新局面的人才。虽然为宝洁公司工作的人具有不同的文化背景及学历,但他们都具备如下一些共同点:

强烈的进取心——克服困难,完成任务。宝洁人都具有极强的主动性,能够坚韧不拔、独立自主地以满腔热情做好自己的工作。

卓越的领导才能——领导及激励别人。同事间有良好的工作关系,并努力帮助部属和同伴发挥出他们的潜力。

优秀的合作精神——成功地领导一个集体以取得最佳成绩。宝洁人懂得如何激发热情,从而在工作中充分发挥个人及集体的作用。

较强的语言表达交流能力——善于表达自己的观点。在对别人具有影响力的同时,宝洁人也善于以客观开放的态度吸取别人的建议和反馈。

较强的分析能力——全面思考工作中的问题,并得出合理的结论。因为宝洁人具有较高的才智,他们能对瞬息万变的商业竞争及时做出反应。

创造性——发现新的思想方法、新的工作方法及达到某个目标的最佳途径。我们经常会面临前所未有的变化,只有更富有创造性地工作,只有向一些基本的假设、传统的观念提出挑战,才能驾驭它。

正直的人格——按照宝洁的公司信条来做。努力遵循诚实正直的原则。

宝洁对人才的要求代表了世界名企对人才要求的普遍性。现代企业的竞争首先是人才的竞争,人才是企业最宝贵的智力资本。企业对人才的重要性是这样理解的:如果你把我们的资金、厂房及品牌留下,把所有的人带走,我们的公司会垮掉;相反,如果你拿走我们的资金、厂房及品牌,留下我们的人,10年内我们将重建一切。

二、要有宽容的心态

宽容是优秀员工的一种必备心态,宽容是良好人际交往的必备条件。

每个人都希望自己能被人完完全全地接受,希望能轻轻松松地与人相处。也就是说,人们希望和能够接受自己的人在一起。一个专门挑别人错处而吹毛求疵的人,一定不是理想的朋友。也许有人能力很强,也很自信,在某些方面很优秀,但人们未必会选择这样的人做朋友。宽容别人具体应做到:

1. 不苛求别人

即使对方有某些你不喜欢的观念、行为,你也应该尝试着容纳。不要设定标准,强求别人必须合乎自己的准则,要给对方一个自我的空间。

2. 包容别人的缺点

有的人性格太急,说话太冲动,对这类人应当学会包容。比如有的人由于无知而冒犯了你,或好心办了坏事,你应该宽容。又比如对朋友、同事不能苛刻要求而应宽容。朋友、同事有各种各样的层次,不能要求所有朋友、同事每时每刻的行为都像你所要求的那样。要允许他们有失误、怠慢自己的时候,否则你就永远不会有很多朋友。

3. 学会用赞赏的眼光看待别人

许多人容不得别人有所成就和超越自己，严重的甚至还会产生嫉妒心。这种心态会影响人际关系，需要理性地去克制，自觉提高修养。自信之人往往很少会嫉妒别人，自卑感强的人则容易产生嫉妒心。如果你有意把自己注意的重心调节一下，看到自己优于对方的方面，就会使自己原先失衡的心理获得新的平衡，这种平衡无疑会帮助我们建立应有的自信。

4. 勿吹毛求疵

有人会因毫无价值的小事而感到不快，心情恶劣，精神暗淡，烦躁不安。吹毛求疵者眼光狭隘、近视，只看眼前，只图小利，胸襟狭窄，患得患失。在这样的消极心态作用下，人的目光会越来越短浅，境界会越来越低下，会逐渐变得自私冷漠，与众人无法很好相处，最终会失去一切感情，失去一切友谊。应该常去说别人的好话，常去注意别人的好处，不要把别人的坏处放在心上。

5. 微笑并试着保持

微笑表示愉快的心情，但微笑的含义远远比这丰富得多，而且有性别的差异。男人的微笑往往包含肯定和赞许。女人往往用微笑体现自己的端庄和严肃。不要养成皱眉头的习惯。"愁眉"必定有"苦脸"，"眉开"才能"眼笑"。

我们应该有一个微笑的神态，有一个微笑的心态。如果我们用一颗真诚的、善良的、宽容的心去看待人生，就会有微笑。

如果你是一个对人、对己、对事都有宽容心态的人，那么你势必会成为一名受人欢迎的、人缘好的、有吸引力的员工，而且你的生活也会轻松、愉快、幸福，你的事业也会顺畅、舒心、成功。

三、尽可能帮助别人

给人以帮助在工作中就体现为团队合作精神，世界 500 强企业几乎无一例外都需要员工具有团队合作精神，这是企业这部机器能够高速运转的前提。许多名企并不强求员工个人能力非常出众，但必须有团队精神，服从大局。

IBM 对团队精神的理解是：团队精神反映一个人的素质、一个人的能力。团队精神不行，IBM 公司也不会要这样的人。

当别人有急事的时候，你能主动伸出手帮他一把，他会对你感恩一辈子。能坦然接受别人的帮助也是一种自信，一种良好的心理素质——相信自己不会辜负他！

知识链接二

助人为乐六原则

（1）帮助别人，不求回报。在能力范围内，主动帮助同事，是积累人际资产的好方法。有位企业人士说得好："欠我的人愈多，日后帮我的人也愈多。"所以，如果有同事需要找人帮忙时，请别忘了要挺身相助。

（2）不要直接回答"是"或"不是"。要提有建设性的建议。

（3）间接协助。保持你友善的态度，显示你仍支持对方，乐于帮忙。

（4）提醒与提防。提醒对方，应该自己处理的就自己去面对。

（5）学习如何拒绝别人。谁都需要休息，人不能纵容，长久做"好人"，人家是不懂珍惜的。

（6）解放自己。别以为自己是超人，没有人可以长期在巨大压力下工作，请解放自己。

四、不泄密

与竞争对手接触时，应将谈话内容限制在适当的范围。不要讨论定价政策、合同条款、成本、存货、营销与产品计划、市场调查与研究、生产计划与生产能力等内容，也要避免讨论其他任何联想的信息或机密。身为一名员工，可能会知悉有关所在公司或其他公司尚未公开的消息。常见的内幕消息包括：未公开的财务数据；机密的商业计划；拟实施的收购、投资或转让；计划中的新产品。作为员工，不要将这些泄露给竞争对手。

1.3.3 塑造现代职业人

一、加强知识技能

身为职场中人，要想成为优秀的员工，就得有扎实的知识基础，知识是你在职场中生存的前提。要有广泛的知识面和扎实的基础知识，在此基础上专攻自己的本专业技能，掌握的技能越多，自身的含金量也就越高。高端的人才永远是老板最想留住的员工。

二、提升职业素养

现代企业选才往往要先看人品，某些企业注重人品甚至超过了注重能力。品行在职业中体现为职业素养,好的品行是做一个好员工的前提和必要条件。企业最喜欢的员工的共同特征是:诚实、正直、勤奋、有责任感、有领导能力、有团队合作精神等。因此,就要从这几个方面着力训练自己,全面提升职业素养,成为老板最欣赏的员工。

驴子和狗

一位农夫养了一头驴子和一条狗。驴子每天日出而作、日落而息,工作非常卖力而且辛苦;而那条狗整天吃饭、睡觉,无所事事,唯一的工作好像就是当主人回家时,摇头摆尾跟前跟后,反而得到主人的喜爱。看到这些,驴子不禁自怨自艾起来。伤心的驴子满腹委屈,不得已向狗请教取悦主人的办法。狗虽然骄傲却也不吝赐教,他指导驴子说:"这很简单啊,你只要学我在白天时好好养精蓄锐,待主人回家休息后,投怀送抱,主人就会对你另眼相看了!"驴子恍然大悟,对狗的赐教感激涕零,决定依言行事。翌日白天,驴子便呼呼大睡,好不容易等到日落西山,主人从外面归来,驴子终于鼓起勇气学狗的样子朝向主人的胸怀扑了过去……

主人见状,大吃一惊,心里紧张地想:"这头懒驴,今天八成是疯了,白天不干活也就罢了,竟敢趁着天黑袭击我!"于是取出猎枪瞄准驴子,毫不犹豫地扣下了扳机。可怜的傻驴就这么被一枪毙命,呜呼哀哉。

案例中驴子的遭遇说明了什么?对你今后的职场生活有什么启示?

做好本职工作,要求爱岗敬业。一个人只有爱上了自己的职业和岗位,他的身心才会融入职业工作中,才能在自己的岗位上成就不平凡的事业。从某种程度上来说,敬业更是一种精神。即使是不喜欢干某件事,但敬业的人仍然能够将它做到最好。

做好本职工作,要求先把眼前的工作做好。很多人的失败就在于总幻想一些所谓的远大目标,而对自己眼前的工作和职务看得过于简单,认为不值得他用全部精力去干。任何宏伟的目标都是由一个个小目标构成的,可将其分解成若干个小的目标和计划,然后一步一个脚印地去完成每一个小目标,最终实现大目标。

做好本职工作,要求尽职尽责。这是一种职业态度,也是职业道德的崇高表现。一个没有责任心的人,即便有能力也不会得到人们的尊重和接纳。

做好本职工作,要求善于计划。考虑清楚有关自己理想职业的每一件事——从工作形式到工作环境,然后确定自己所追求职业的标准或目的。你可以观察一下是否能调到另一个部门,或者从基层做起,然后找机会进修,最低限度也要找出妨碍你日后发展的不利因素。循序渐进是改变不称心工作的最好方法。

做好本职工作，要求追求价值。有些人只知道拼命工作，每天加班是常态，甚至连周末也在加班，工作几乎霸占了他全部的时间。这类人除了工作外，几乎没有任何社交活动，时间一长，难免会对自己的工作产生反感。对所做的工作，要充分认识到它的价值和重要性，它对这个世界来说是不可或缺的。全身心地投入你的工作中去，把它当作你特殊的使命，并把这种信念深深植根于你的头脑之中。

企业不仅重视员工的专业知识，也重视员工的深层特质，他们在选择人才的时候除了重视其专业素养外，也注重挖掘员工的深层特质。一个人就好比一座冰山，他的潜质、动机、个人需求及价值观这些东西都潜藏在水面以下，通过某些测试就会很容易显现出来。企业看中一个人往往是因为他在某方面具备了可挖掘的潜力，因此，员工要不断提升自己的各项素质，这是在人才竞争中取胜的不二法门。

对照自己的现状，谈谈作为一名现代职业人应修炼哪些品行？为自己制订一个品行修炼计划。

【思考题】

结合所学知识内容，谈一谈你对现代职业人的理解。

第二讲　认识职业生涯规划

大学生要想未来有更好的职业发展，就应充分利用大学时间，做出优质的职业生涯规划，根据职业目标合理安排自己的学习和生活，为获得理想的职业和生活做积极准备，以便在探索职业生涯过程中更好地把握职业方向，探寻人生价值。而在此之前，大学生需要了解职业生涯规划的相关知识。

2.1　职业生涯概述

大学阶段是大学生生涯发展的重要阶段。大学生通过学习生涯发展理论，可以激发生涯意识，认识生涯发展的阶段与相应的发展任务，并在生涯发展理论指导下，通过职业探索、职业考察，根据社会发展的需求和自己的主观条件，科学合理地安排生涯规划，为将来更好地择业、就业打下良好的基础。

2.1.1　生涯概述

一、生涯

生涯是什么？它与职业同义吗？职业设计就是生涯规划吗？带着这样的疑问，我们来理解生涯一词的含义，是我们学习这门课程的第一步，它将使我们对于生涯规划的理解获得更为广泛而深刻的视野。对生涯含义，国内外理论界有多种多样的解释。

① 早在两千多年前庄子所说的"吾生也有涯，而知也无涯"。庄子的前半句话的含义就是"我们的生命是有限的"，生涯就是我们每个人有限的全部人生历程。

② 生涯是指一个人在工作、生活中所经历的职业或职位的总称（沙特尔，1952）。

③ 生涯是指一个人终生经历的所有职位的整个历程（舒伯，1957）。

④ 生涯是指以个人依据心中的长期目标所形成的一系列工作选择及相关的教育或

训练活动，是有计划的职业发展历程（麦克弗兰德，1969）。

⑤ 生涯包括个人对工作世界的选择与发展，对非职业性或休闲活动的选择与追求，以及在社交活动中参与的满足感（霍德和班那兹，1972）。

⑥ 生涯是指人一生伴随工作或职业的有关经验与活动（霍尔，1976）。

⑦ 生涯是指一个人一生所从事工作与休闲活动的整体生活形态（麦克丹尼尔斯，1978）。

⑧ 生涯是指一个人一生职业、社会与人际关系的总称（韦伯斯特，1986）。

⑨ 生涯是人的生命历程，是由三个旋律交织、激荡而成的，它包括：工作、职业或事业；情感、婚姻或家庭；个人的自我成长和身心发展（施恩，1978）。

从上述关于生涯的观点可以看出，学者们因所处年代的不同，研究的角度不同，看法不同，对生涯的定义也不同。目前，大多数学者所接受的生涯定义来自美国著名的生涯学家萨帕提出的观点："生涯是生活中各种事件的演进历程，统合了人的一生当中各种职业与生活的角色，由此表现出每个人独特的自我发展形态。"

生涯是演进历程。幼年的时候，我们的角色是"父母的孩子"，蹒跚学步、牙牙学语。童年的时候，我们步入学校，开始有了新的角色——"老师的学生"，学习文化，学做人的道理。青年的时候，我们开始独立进入社会，全面承担起"工作者"及"国家公民"的角色，忠于职守，勇于奉献社会，实现自我。同时，我们的角色也更加丰富多彩，寻找到生活中的另一半，结为夫妻，生育下一代，成为"孩子的父母"……在这个演进历程中，我们每个人成就了独特的自我发展形态。

由此可见，生涯的内容是比较宽广的，包括人生经历、生活道路及职业、专业、事业等。它不仅仅局限于工作或职业，还包括个人的生活风格，即包含一个人在其一生中所从事的所有活动。我们知道人的一生有少年、成年、老年几个阶段。成年阶段是人生最重要的时期，它是人们从事职业生活的时期，在一个有限的生命中占有绝对重要的地位。因此，生活中我们往往将生涯理解为这一特定的人生历程。

二、生涯的特点

生涯学家萨帕提出生涯由三个层面构成：第一，时间，即个人生命进程。第二，经历，即每个人一生所扮演的各种不同角色。第三，角色，即每个人对所扮演的各种角色投入的程度。从生涯的定义看，生涯有以下特点：

1. 独特性

同一种职业可以由很多人来承担，但是生涯却是每一个人所独有的。每个人有自己独特的个性和价值观，有自己独特的行为方式，因此，在同样的职业中，我们做出的努力不同，我们获得的感受也各异。这个世界的生涯千姿百态，每个人都有独特的生涯，无法克隆。

2. 终身性

我们一般在 20 多岁告别校园，进入职场成为职业人。几十年后我们将告别职业生活。职业在我们一生中占据时光很长，但它并不是我们生命时光的全部。而生涯则包含了一个终身发展的概念。在人生不同的阶段，都有自己不断的发展、追求和任务。这个蜕变与发展的生涯历程就是我们整个的生命历程。

3. 综合性

生涯是以个体事业角色发展为主轴，并包含了一生中拥有的所有职位的角色和社会角色，如妻子或丈夫、父亲或母亲、学生、师长、朋友、居民、志愿者，等等。生活经验会左右职业选择和发展，而我们的职业又往往决定了一定的生活空间和某种生活状态。生涯是一个综合的概念，它涉及人生整体发展的各个层面，要求我们用联系的眼光来审视职业问题。

4. 发展性

人是生涯的主动塑造者。生涯是一个活跃和动态的发展历程，每个人在不同生命或工作阶段中会有不同的追求，而且这些追求会不断调整、变化与发展，这就促成了个体不断成长。

2.1.2　职业生涯概述

职业生涯在我们一生的经历中占据着重要地位，它是我们赖以立足于社会的基本支柱，如果我们从 25 岁工作，到 60 岁退休，会发现我们将在职业上投入多数时光。如何来经营职业生涯呢？职业规划是经营职业生涯不可或缺的工具和技能。

一、职业生涯的内涵

1. 职业

所谓职业，从其科学的含义上看，是指人们从事的相对稳定的、有收入的、专门类别的工作。它是对人们的生活方式、经济状况、文化水平、行为模式、思想情操的综合性反映；也是一个人的权利、义务、权力和职责，从而是一个人社会地位的一般性表征。职业是人的社会角色的一个非常重要的方面。职业往往还成为一个人最基本的符号和最主要的特征。职业能反映一个人的社会身份、社会地位与自身的文化、能力和素质水平。

众多的职业分工及相对应的从业者的工作构成了整个社会的基本结构图。出卖劳动力（体力和脑力）是每一个劳动者的共同特点，之所以出卖劳动力，是谋职的需要，决策和服从都是一种职业行为。《中华人民共和国职业分类大典》（2015 年版）里明确规定了职业的五个基本要素：职业名称、工作的对象、内容、劳动方式和场所。

2. 职业的特性

职业的特征包括：社会性、时代性、同一性、差异性、层次性、专业性、多样性、技术性、稳定性与经济性、规范性等。

（1）社会性

职业是社会分工的产物，每一种职业都是社会分工中的一个部门、环节，劳动者在职业中扮演着不同的社会角色，如工程师、教师、会计、技术员、推销员、画家、警察等，为社会承担一定的义务和责任。通过职业，人们为社会奉献劳动和智慧，积累财富，从而推动社会的发展。

（2）时代性

职业随着时代的发展而变化，新的职业会不断产生，原有的职业又增加了新时代的内容，而且有些职业会随之消失。例如，20世纪以来，陆续出现了广播电视播音员、计算机程序设计员、计算机文字处理员、汽车玻璃维修工、婚姻家庭咨询师、化妆品配方师等新职业；而原来已有的农民、教师、会计等传统职业，其劳动的科技含量也越来越高；电话接线员、机械打字操作员、铅字工等已经或者趋于消失。不同的历史时期具有不同的热门职业。劳动者在择业时，受到社会对职业的需求情况、个人兴趣、社会观念、时代风尚及社会舆论等的影响，就形成了不同时期的不同热门职业，如我国曾出现的"银行热""经商热""计算机热""炒股热""公务员热"等。

（3）同一性

首先，同一行业的职工内部，其劳动条件、工作对象、劳动强度、工作性质、生产方式、工作内容等方面相同或基本相同，形成了同一的行为模式、职业道德规范和语言习惯等。其次，在不同职业之间也存在相同点，如工作时间固定、按劳取酬、岗位固定等。

（4）差异性

在不同职业之间存在很大的差异，其劳动条件、劳动强度、工作对象、工作性质、工作内容、生产方式等方面都不相同，形成了不同的行为模式、道德规范和语言习惯。人们常说的"隔行如隔山"，就是指不同职业之间的差异性。

（5）层次性

层次性是指各类职业之间的层次和各个职业类型内部的层次。首先，对于各类职业之间的层次，从理论上分析，职业之间并没有贵贱之分，但实际生活中由于不同职业对人的素质和能力的要求不同，如医疗卫生、教育、工商税务、法律事务等职业要求较高的素质和能力；其次，不同职业的体力劳动、脑力劳动的付出，收入水平，工作任务的多少，社会声望，权利地位等的不同，以及社会对职业的看法或舆论评价的不同，也产生了职业之间的层次。对于各个职业类型内部的层次，主要是根据劳动者所履行的领导职权和责任不同进行划分的，也就是指职位。

（6）专业性

职业是人们从事的专门业务，一个人要从事某一种职业，就必须具备专门的知识、能力和特定的职业道德品质。例如，汽车维修工要有汽车构造等方面的知识，具备汽车故障诊断与维修的能力和精益求精的工作态度。随着社会的发展、科技的进步，劳动的专业化程度越来越高，职业的专业性也越来越强。

（7）多样性

随着社会的进步，社会分工越来越细，职业种类越来越多，职业的差别也越来越大，呈现出多样性的特点。当前，在知识经济的推动下，我国的产业结构正在发生重大变化，随之会产生许多新行业，增加许多新职业。

（8）技术性

每一种职业都有一定的技术含量或技术规范要求。例如，厨师在刀工、火候上都有一定的技术要求和操作规范，需要进行专门的学习与训练。在人类进入工业时代以后，科学技术得到广泛应用，职业的科学技术含量也越来越高，以至于人们在从事某种职业之前，必须经过一定时间的专业知识教育和专门的职业技术技能或职业操作规程的训练，这也正是职业教育兴起并广泛发展的原因。

（9）稳定性与经济性

一个人只有在较长时间内持续从事某种职业，才可能通过职业活动获得较稳定的经济收入。如果一个人上午干这个，下午干那个，今天搞运输，明天做买卖，我们就不能说他有职业。同样，参加足球运动，一般人只是将其作为业余爱好或健身强体的体育运动，因而对于一般人来说足球运动并非稳定的工作，也就谈不上以此获取经济收入。而职业足球运动员则不同，足球运动及足球比赛是其所从事的较稳定的职业活动，通过这项活动可使他们获得经济收入，因此，他们被称为职业足球运动员。

（10）规范性

职业规范主要包括人们在工作活动中应当遵守的操作规则、办事章程、职业道德规范及职业活动中形成的良好习惯等。这些职业规范或以法律、法规，或以组织章程和有关公约、守则的方式体现出来，或只是一些约定俗成的非正式的规范。所有从事某种职业的人都必须遵守职业规范的约束。

3. 职业生涯的概念

职业生涯是有关工作经历的过程或结果，包括了一个人从职业学习开始，到职业劳动的最后结束。整个的人生职业工作经历，被称为职业生涯。

一个人一生中连续从事的职业，不仅包括过去、现在和未来那些可以客观观察到的职业发展过程，而且包括个人对职业生涯发展的见解和期望。具体而言，职业生涯是指以心理开发、生理开发、智力开发、技能开发、伦理开发等人的潜能综合性开发为基础，以工作内容的确定和变化，工作业绩的评估，工资待遇、职称、职务的变动为标志，以满足组织和个人需求为目标的工作经历和内心体验的经历。与职业不同，职业生涯是一个动态的、发展的概念，即把个人的职业生活看作是一个动态的、发展的过程。

职业生涯的基本性质包括：

① 职业生涯是个体的行为经历，而非群体或组织的行为经历。随着社会的发展，一个人并非终身都待在一个行业或组织中，个人的职业生涯更多地受到其职业兴趣与职业动机的影响。因此，职业生涯的主体是个人。

② 职业生涯是一个人一生中的工作任职经历或历程。职业是劳动者为了不断获得个人收入，较为长期、稳定地从事社会生产劳动或社会工作的过程。职业生涯强调了个体在一个职业中稳定的、持续的地位，排除了各种变动的情况。

③ 职业生涯是一个时间概念，是指职业生涯期。狭义的职业生涯起始于最初工作之前的专门的职业学习和训练，终止于完全结束或退出职业工作；广义的职业生涯则可以从个体的出生之始到完全结束职业工作为止，包括了个体的全部生命历程。实际的职业生涯期在不同个人之间有长有短。

④ 职业生涯是一个包含了具体职业内容的动态的、发展的概念。职业生涯不仅表示个体职业工作时间的长短，而且包括了发展、变更的经历和过程，从事何种职业工作，职业发展的阶段，由一种职业转向另一种职业等具体的内容。

2.2 职业生涯规划

职场上有句名言："你今天站在哪里并不重要，但是你下一步迈向哪里却很重要。"成功的人生需要正确的规划，合理规划自己的职业生涯，是每一个人迈向成功人生的第一步。但很多人容易走进一个误区，认为职业生涯就是不断找工作，这种观点显然失之偏颇。职业生涯是职业的发展历程，进行职业生涯规划，就是对自己的职业发展进行规划，做自己事业的工程师，对自己的时间进行合理的管理。

2.2.1 职业生涯规划的含义

职业生涯规划又叫职业生涯设计，指对职业生涯和人生的发展制订系统而持续的计划。或可以表述为：通过个人与外部环境结合，对职业环境等外在因素进行测定、分析和总结，再结合个人的兴趣、爱好、能力和个性等内在因素进行综合分析与权衡，然后根据个人的职业倾向和时代特点，确定最佳的职业定位和人生目标，并为实现这一目标做出行之有效的安排和策划。它是人的各项计划、安排中非常重要的内容。

职业生涯规划最主要的目的是帮助个人真实、全面地了解自己，引导个人寻找最合适的努力方式和方法，最终实现人生目标。对于当代大学生而言，对职业生涯进行规划就是给自己的未来绘制理想蓝图的过程。当代大学生在筹划未来及拟订人生职业道路时，需结合主观条件和客观条件设计出科学可行的职业生涯发展方案。大学生在朝着目标奋斗的过程中，需明确把握发展方向，制订相应的培训、教育和工作计划，并按照职业生涯发展的方案实施具体的行动，把达成目标作为人生的核心任务。由于职业生涯贯穿人的一生，因此，大学生对职业生涯进行规划，就是给自己的未来绘制理想蓝图的过程。大学生在进行职业生涯规划时应注意以下几个方面。

① 对职业生涯及其规划有清楚的认识。
② 对外界环境有相对透彻的分析。
③ 了解自己的特质，尤其是优势与长处。
④ 通过沟通、分析、心理测评找到自己感兴趣的职业方向。
⑤ 对综合素质与个人职业能力进行全方位的精确评估，确定自己的发展方向，并最终确定自己的职业定位。
⑥ 围绕人生理想、愿望和价值取向，确立人生及职业目标。
⑦ 对职业生涯进行具体的解析和明确的管理，设计出最优发展途径，并在实施过程中，结合实际情况对目标和发展方向进行适当调整。
⑧ 进一步发掘自己的特质和优势，提高自己的职业适应能力。
⑨ 扮演好自己的社会角色，为职业生涯的成功坚持奋斗。

职业生涯规划最明显的作用是有利于引导个人完成职业生涯发展过程中的阶段性任务，并为后续阶段发展做出预先策划和准备。按计划的时段完成人生各个阶段的生涯发展目标和任务，就是"生涯成熟"的表现。对大学生而言，参照自身的目标完成情况，评估出职业生涯实际的发展状态，采取行之有效的对策和行动，是职业生涯发展的主要任务。

2.2.2 职业生涯规划的作用与意义

职业生涯规划是对职业发展乃至人生系统计划的过程，也是确定奋斗目标并努力实现目标的过程。通过职业生涯规划，大学生可以将自己"想做的事"和"能做的事"有机结合起来，制订切实合理的计划与方案，充分发挥自身的优势，并满足需求，使人生充满意义。职业生涯规划对于大学生的未来安排具有重要价值，其作用与意义如下。

一、有利于自我定位

认识自我是职业生涯规划的前提。充分了解和认识自我,我们便能根据自身的能力和需要对职业发展方向进行探索,而不盲目从众、随大流。职业生涯规划中的认识自我,需要我们对自身进行深层次的剖析,以便对自己的能力、优势和劣势加以了解,根据生活中掌握的经验,解析出未来工作的方向,从而彻底解决"我想干什么"和"我能干什么"的问题。在此基础上,我们通过对就职要求、就业渠道、工作内容和职业发展前景,以及行业的薪资待遇等相关因素的了解和认识,找到自己的职业和人生定位,理性分析所具备的能力和资本,从而做出长远打算,这是人生规划得以实现的理论依据,正所谓"知己知彼,百战不殆"。

二、有助于个人确定职业发展的目标

事业成功在于能尽早地明确职业生涯的目标,并且为之坚持和奋斗。英国哲学家罗素说过,选择职业是人生大事,因为职业决定了一个人的未来……事实上,明确的目标能激励人们积极地去创造条件,并为这一目标的实现而努力。大学生在进行职业生涯规划时,首先要对自己进行了解,分析自身的长处和兴趣所在,同时发现缺点与不足,然后结合社会的发展变化和环境特征,制定符合个人实际情况且切实可行的目标。一个人如果缺少对职业生涯的规划,便不能明确自己的理想,失去职业方向的引导,导致浪费宝贵的时光,造成职业生涯的延误甚至是人生的失败。若有了明确的职业生涯规划的指引,大学生便能在朝着职业目标努力的道路上,充分发挥自己的才能,从而增加事业和人生成功的筹码。

三、激励个人努力工作

职业生涯规划的制定,不仅需要大学生对自己的未来有明确的看法,而且需要对自己有全面透彻的认识。每个人对未来都有着憧憬和幻想,要将职业目标和人生愿望变为现实,就需要结合自身情况制订具体的行动计划,并努力工作,克服出现的困难,为早日实现目标而奋斗。一般来说,职业目标都会对个人产生强烈的吸引力,大学生要获得职业生涯发展的成功,只有靠自己脚踏实地去完成。对此,大学生需要懂得在学习和工作中珍惜时间,不断地完善自我,朝着自己的目标迈进。

四、有助于挖掘个人的潜能

每个人都有自己的潜能。潜能大多数时间都是沉睡着的,甚至人们自己都不了解自己的潜能。通过对职业生涯进行规划,憧憬未来、实现理想的强烈愿望便在人们心中扎根。在努力奋进的过程中，一个人若能克服艰难险阻，坚持信念，持之以恒地拼搏下去，即使不能取得令人瞩目的成就，也能把自己的潜能激发出来，获得可喜的成绩。当人们专注于自己热衷的事情时，潜能和优势便会得到进一步的开发与发挥，同时也将增加职业生涯发展前进的动力。

五、有助于个人抓住生活重点

合理的职业生涯规划需要大学生处理和安排好日常学习、工作和生活中各项事务之间的关系，集中精力去做必须做的事，将生活的重心偏向于实现和发展职业目标的事务上。有了合理的学习安排，生活就会变得充实；理清头绪，职业目标也会随之变得形象具体。通过职业生涯规划，大学生能明确生活和学习的重点，从而进行科学合理的安排，提高学习效率，增加职业生涯成功的可能性。

六、有利于实现人与职业的和谐发展

职业生涯规划的目的是促进个人健康、持续、协调和全面发展，将人与职业的发展有机结合起来，从而在人职和谐的基础上，将职业发展作为实现人生价值的内容和工具，让个人的发展成为推动和促进职业发展与进步的主导力量，达到自我与职业的双赢。个体的人生目标是多样的，如生活目标、职业发展目标、社会地位目标、人际环境目标等。在由所有目标构成的体系中，各目标之间相互交叉影响。而职业发展目标是整个目标体系中最核心的部分，它的实现与否，直接关系着人们对成功与挫折、愉悦与遗憾的感受，影响着生命的宽度与质量，人与职业的和谐发展也是事业成功的保证。

七、有助于评估自身的收获与成绩

评价人们学习和工作成绩的状况，需要有相对明确的参照物。通过对职业生涯规划进行分析，人们对自己目前学习和工作的状况便有了评估和比较的标准。大学生可以根据规划实施的进程来评价当前的学习和工作成效，分析自身的收获和不足，并有针对性地进行修正。如果学习和工作的成绩与预期的效果和花费的时间相适应，这便是最好的肯定，在处理后续的学习和工作任务时，会更加明确目标并增强信心。若当前的学习和工作成绩与目标有差距，则需找出原因，结合实际情况做出适当的调整，以便接受新任务的挑战。若缺少合理的职业生涯规划，必然会缺少对自身取得的进展进行评估的标准，从而难以感知到进步和不足，得不到激励，或进展缓慢，或半途而废，最终都会导致职场的平庸和人生的碌碌无为。

八、有利于寻找实现理想的通道

职业生涯规划能引导大学生树立明确的发展目标，它不仅能为个人成长指明方向，而且能促使每个人去探索适合各自情况的发展方案。围绕职业目标去学习和提升，即使目标与实际情况还不够协调，也会使人朝着既定的方向前行，这个方向便是实现理想的通道。实现目标的意愿会转变成实际行动所需要的动力——意愿越强烈，动力也会越大、越持久，成功的机会也随之增加。因此，职业生涯规划为人生旅程设定阶段目标并铺设通道，指引着大学生通往成功的彼岸。确立人生奋斗目标后，围绕这一中心，人们的行为将会变得更有效率和价值。

斯皮尔伯格的职业生涯

斯皮尔伯格7岁时在父亲的陪伴下第一次观看电影，立即被这种艺术形式所吸引，从此埋下了成为导演的念头。12岁时，斯皮尔伯格用家用8毫米摄影机拍摄了14分钟的电影《童子军》；16岁时，他用300美元制作了一部科幻片《火光》，租了一家当地电影院进行放映，赢利100美元；高中毕业后，他到加利福尼亚州立大学学习电影，长期混迹于环球影片公司的各个摄影棚和制作车间；最终，他在20岁那年如愿以偿成为正式的电影导演。今天人们早已熟知斯皮尔伯格这个名字——他执导了《拯救大兵瑞恩》《辛德勒的名单》等经典影片，两度荣获奥斯卡金像奖最佳导演奖，是当代最成功的导演之一。

斯皮尔伯格能取得这样的成就，有赖于他早年确定的职业发展方向和规划好的职业发展道路，并为之付出不懈的努力。

2.2.3 职业生涯规划的影响因素

每个人一生的职业发展有着多种多样的可能，由于受主客观因素的影响，其职业生涯规划在不同阶段也会有所差异，如成长的社会、出身、能力、价值观、健康状况等，都会影响其职业选择，因此，大学生在规划职业生涯时需充分考虑各种影响因素。影响职业生涯规划的因素可以概括为主观因素与客观因素两个方面。

一、主观因素

主观因素是做与规划主体相关的各类因素，如个性特质、职业价值观、性别、经济条件、身心状况、教育背景、能力及需求动机等。

1. 个性特质

个性特质包括个体的性格、气质、兴趣等，这些对大学生职业规划都有较大的影响。例如，同样是性格活泼、开朗健谈的人，有的人会基于自己显露出来的性格气质选择从事教师的工作；有的人则可能由于志不在此，出于兴趣选择成为编辑，或类似公共关系处理的工作。

2. **职业价值观**

职业价值观是个体对自己的行为结果的总体评价，往往会影响个体的决策与行为，甚至比个人特质更能影响个体的职业选择。当个体面临选择冲突的时候，往往会基于价值观做出决定。例如，小王找了一份待遇非常好的工作，但该工作需要长期出差，而小王本身更倾向于找离家近、能陪伴亲人的工作，因而放弃入职，其择业就是基于其价值观排序做出的抉择。

3. **性别**

虽然现在男女平等的观念已经普及，但在职场中，仍有些工作限定了只招某一性别，或者某性别更适宜任职时，另一性别的人在求职时就会面临一定阻碍，因此大学生需要做好一定的心理准备，并尽量选择与性别、理想相适宜的岗位。虽然有些工作性质有一定的性别的倾向性，但整体上男女发展的机会是一致的，只要大学生能力强、努力拼搏，就能实现自己的职业理想。

4. **经济条件**

有些经济压力较大的大学生，可能会由于家庭责任感和对金钱的需求放弃自己业已规划好的职业目标，因此，大学生在规划职业生涯时要做好经济状况与理想之间的平衡。

5. **身心状况**

身体健康情况和心理状态都会影响大学生的职业选择，因为几乎所有职业都要求从业者有健康的身心，甚至有额外的要求。例如，有些职位要求从业者不近视、女性身高165厘米以上、男性身高178厘米以上、抗压能力强等。因此，在进行职业规划时，大学生要综合分析自己的身体状况、心理素质、身心优势等，考虑自己适合或不适合哪些职位，从而设计更合理的职业发展方向。

6. **教育背景**

教育奠定了人的素质基础。一方面，大学生所学专业往往决定了其前半部分职场生涯甚至一生的职业类型，即便转换职业，其工作内容也与以往所学和学历层次有一定联系；另一方面，教育背景使得大学生在择业与被择业时面临不同的选择，通常受教育程度越高的人，被用人单位录用的机会较大，发展空间也较大，再次择业时竞争能力也会较强。

7. **能力**

能力是个体完成任务的前提，个体能力的高低也会影响其职业选择和工作效果，对于大学生而言，若要做出合理的职业选择，就要了解自己的能力倾向和职业的能力要求，明白自己能做什么，如何去做。有途径缩短现状与职业目标之间的差距，才是行之有效的职业生涯规划。

8. 需求动机

在不同的年龄阶段，大学生对不同职位的认识和在职业生涯的选择方面，会因需求动机的变化而有所不同。例如，有些20岁出头的年轻人，想要拼搏，成就一番事业，会选择在北京、上海、广州、深圳等就业压力较大的城市及工作压力和强度较大的互联网企业打拼；在三四十岁的时候，可能会因为想要在一个生活节奏较慢、悠闲的城市生活而选择辞职，换份稳定、压力较小的文职工作，这种职业的转变就是基于需求动机的变化。

哈佛大学生的职业规划

1970年，美国哈佛大学对当年毕业的天之骄子们进行了一次关于人生目标的调查：27%的人，没有目标；60%的人，目标模糊；10%的人，有清晰但比较短期的目标；3%的人，有清晰而长远的目标。

1995年，即25年后，哈佛大学再次对这一批1970年毕业的学生进行了跟踪调查，结果是这样的：3%的人，25年间他们朝着一个既定的方向不懈努力，现在几乎都成为社会各界的成功人士，其中不乏行业领袖、社会精英；10%的人，他们的短期目标不断实现，成为各个行业、各个领域中的专业人士，大都生活在社会的中上层；60%的人，他们安稳地生活与工作，但都没什么特别突出的成绩，他们几乎都生活在社会的中下层；剩下27%的人，他们的生活没有目标，过得很不如意，并且常常抱怨他人、抱怨社会、抱怨这个不肯给他们机会的世界。

二、客观因素

影响职业生涯规划的客观因素主要包括家庭环境因素、社会环境因素、机遇等。

1. 家庭环境因素

家庭环境因素主要指个人受其父母、配偶及其他亲人的影响程度，以及家庭对个体的支持与援助程度等。有些大学生在制定职业生涯规划时就会在家庭期望值、父母职业类型、家庭地域特点方面找平衡点；而大学生父母对其的职业期望，尤其是从小就有且会在潜移默化中对大学生职业目标的制定产生重要影响的期望，以及父母对自己职业及大学生职业目标是否认可等，都会影响大学生职业规划的选择。同时，受家庭地域特点和家庭支持程度的影响，许多大学生求学结束后则有可能回原籍工作。

2. 社会环境因素

社会环境因素涉及社会政治、经济、人才市场管理体制、社会习俗及人们对各类职业的评价等，其决定了职业的层级、数量及大学生的就业观等。用人单位对员工的培养、大学生在职业发展中所能获得的帮助、可用以自我提升的学习机会等也会对职业变动等产生影响。例如，经济水平较高的地区往往优秀企业较多，就业就会较多，择业选择的机会也较多；再如，对参加"三支一扶"（支教、支农、支医和扶贫）项目的大学生给予生活补贴；对有基层工作经验的，在研究生招录与事业单位选聘时优先录取；从事个体经营符合条件的，免收行政事业性收费并享受国家相关扶持政策等，这些相关政策规定对大学生的职业生涯规划等会有一定影响。

3. 机遇

好的机会就是机遇，机遇是一种随机出现的事物，是影响职业生涯的偶然因素，人的一生中会遇到许多次机遇，但能不能把握住机遇却不一定，个体如果能抓住机遇，说不定就会迎来职业生涯的重要转变和新的发展机会。但机遇只垂青那些有准备的人，把握机遇的前提是自我完善、具备职业发展的潜质、有才能和敏锐地发现机遇的眼睛，否则可能与机遇失之交臂。

生涯"撕纸"游戏

每个同学准备两张长度相等的纸条，将其中一张平均折成10格，一格的长度代表10年。现在开启撕纸游戏。

（1）你现在多少岁？根据你的实际年龄从前往后撕。

（2）你期待能活到多少岁？根据期望值从后往前撕。

（3）你多少岁退休？从后往前撕。

（4）你一天是如何分配时间的？将这张纸条平均分为三份，其中娱乐、发呆等占据1/3，睡觉占据1/3，真正工作的时间占据1/3，撕掉纸条的2/3。

（5）将剩下的纸条与另一张完整的纸条进行对比，谈谈你的感想。

本活动的目标在于让大学生认清职业生涯规划的重要性，相信在活动结束之后，同学们对自己的人生会有更加深刻的思考。

2.3 职业生涯规划理论

职业生涯规划理论起源于20世纪初的美国，从20世纪50年代开始，西方学者提出了职业生涯规划这一新的概念。到目前为止，国外职业生涯规划发展迅速，已衍生出多门流派，下面介绍几种主流的职业生涯规划理论。

2.3.1 帕森斯的特质因素理论

帕森斯的特质因素理论又称帕森斯的入职匹配理论，是最早的职业辅导理论。美国波士顿大学教授弗兰克·帕森斯（Frank Parsons）于1909年在其《选择职业》著作中提出了一个全新的观点，即人与职业相匹配是职业选择的关键。他认为，每个人都有自己独特的人格模式，每种人格模式的个人都有其相适应的职业类型。所谓"特质"，就是指个人的人格特征，包括能力倾向、兴趣、价值观和人格等；而所谓"因素"，则是指在工作上要取得成功所必须具备的条件或资格。最重要的是，这些特质都是可以通过心理测量工具来加以评价的，同样这些因素也是可以通过对工作的分析而了解的。这样就使得职业指导由理论分析走向了实际应用，从一般的定性分析走向了精确的定量测量。从此，职业生涯规划真正成为一门学科。

帕森斯的特质因素理论因具有较强的可操作性，被人们广为采用，近百年来经久不衰。其具体步骤如下：

第一步，探究个人，即评价求职者的生理和心理特点（特质）。通过心理测量及其他测评手段，获得有关求职者的身体状况、能力倾向、兴趣爱好、气质与性格等方面的个人资料。这些测验包括：

① 成就测验：用来了解一个人究竟学会了多少东西，又有哪些是对工作有价值的。

② 能力测验：测试个人的最佳状态，并展现他在多大程度上能胜任某项工作。

③ 人格测验：测试个人未来最适合担任哪类工作，并可能实现多大的发展程度。

随后，通过会谈、调查等方法获得有关求职者的家庭背景、学业成绩、工作经历等情况，并对这些资料进行评价。

第二步，分析各种职业对人的要求（因素），并向求职者提供有关的职业信息，如职业描述、工作条件、薪水等。它包括：

① 职业的性质、工资待遇、工作条件及晋升的可能性。

② 求职的最低条件，诸如学历要求、所需的专业训练、身体要求、年龄、各种能力及其他心理特点的要求。

③ 为准备就业而设置的教育课程计划，以及提供这种训练的教育机构、学习年限、入学资格和费用等。

④ 就业机会。

第三步，入职匹配，即整合个人和工作领域的信息，这是帕森斯特质因素理论的核心。在职业指导过程中，他提出了职业设计的三要素模式：

① 清楚地了解自己，包括形象、能力、兴趣、自身局限和其他特质等，以便做到特性匹配，即不同的人去适合相应的岗位。

② 了解各种职业必备的条件及所需的知识，在不同工作岗位上所占有的优势、不足和补偿、机会、前途，以便做到因素匹配，即要知道某类工作适合什么样的人。

③ 上述两者的平衡，即指导人员在了解求职者的特性和职业的各项指标的基础上，帮助求职者进行比较分析，以便选择一种适合其个人特点又有可能得到并能在职业上取得成功的职业。

毫无疑问，帕森斯的特质因素理论为人们的职业设计提供了最基本的原则，我们可以在实际解决职业规划发展的问题中使用它。

2.3.2 职业决策社会学习理论

社会学习理论由阿尔伯特·班杜拉（Albert Bandura）创立，该理论主要强调的是个人的学习经验对人格的形成和行为方式的影响。斯坦福大学教育和心理学教授约翰·克朗伯兹（John Krumboltz）开创性地将这一理论应用到职业生涯发展与规划领域。该理论较为全面地归纳与总结了职业生涯规划过程中涉及的影响因素、决策步骤和面临的问题与困难。

一、影响职业选择的 4 个因素

克朗伯兹将影响职业选择的因素归纳为以下 4 个方面。

① 遗传因子与特殊能力。遗传因子与特殊能力指身体素质、音乐天赋和艺术能力等。

② 环境情况与特殊事件。环境情况与特殊事件指技术的进步、社会环境的变化和家庭状况的变动等因素。

③ 学习经验。学习经验指个体在行为、认知、学习和观察学习过程中获得的经验。

④ 工作取向技能。工作取向技能指个体的工作目标、职业价值观（应对工作的方式）及情绪的反应和表达方式。

二、职业决策的 7 个步骤

克朗伯兹将职业决策划分为以下 7 个步骤。

① 界定问题。认识自我并厘清自己的需求，分析个人的优势与不足，并在此基础上制定出明确的目标和实现目标的时间表。

② 拟订行动计划。在明确自身需求的基础上，思考并拟订行动计划。

③ 找到可能的选择。搜集资料，列出可能实现目标的各种行动方案，拟订达成目标的方法和途径。

④ 厘清价值取向。整理并明确个人的选择标准，将自己的实际需要作为衡量方案的依据。

⑤ 评价各种可能的选择。依据自己的选择标准和评分标准，逐一评价各种可能的选择，得出可能的结果。

⑥ 系统地删除。有根据地、系统地删除不合适的方案，挑选最合适的选择。

⑦ 开始行动。开始执行选定的行动方案，并对自身进行经营和管理。

三、职业决策中的5类困难

随着研究的深入，克朗伯兹开始注意到，在进行职业决策的过程中，个人可能会面临诸多的问题与困难，他将其总结为以下5种类型。

① 人们在辨认已有或可解决的问题上存在问题。

② 人们不努力做决策，逃避解决问题。

③ 由于错误的原因，人们可能会将潜在或满意的选择方案排除。

④ 由于错误的原因，人们可能会选择较差的方案。

⑤ 人们在感到没有能力达成目标时，可能会饱受焦虑和痛苦的折磨。

职业决策社会学习理论在个人特质和外界条件的研究基础之上，对职业生涯中的潜在问题进行了详细的分析，为职业生涯规划的评估和维护指明了方向，这是职业决策社会学习理论的独特贡献。

2.3.3 生涯混沌理论

生涯混沌理论（The Chaos Theory of Careers）起源于20世纪90年代，是从化学、物理学等自然科学中的混沌理论发展而来的。混沌是指在一定系统下产生的一种非线性的、非周期性的状态，是时间上的随机性和空间上的稳定性与不稳定性的统一。

普瑞（Pryor）与布赖特（Bright）将混沌理论应用到了职业生涯规划中，认为职业也具有混沌的属性，具有复杂性、变化性、偶然性和非线性等特征。

1. 复杂性

影响职业生涯发展的因素有很多，并且因素之间也存在交互作用，所以整个系统变得非常复杂，在很多情况下并不能由成因推导出结果。

2. 变化性

影响职业生涯发展的各个因素一直处在变化中,所以生涯系统也会发生变化,稳定只是相对的,因此,职业生涯规划需要不断更新、不断修正,而不能想着一劳永逸地解决问题。

3. 偶然性

一些偶然事件会影响整个系统的发展,个体无法完全预测、控制和掌握自己的职业生涯。

4. 非线性

在复杂性动态系统中,一个因素发生变化可能会影响整个系统的运行方式,因此,任何两个系统无论其初始状况有多接近,都会以不同的方式演变,因为这些变化是非线性的,每个系统内部和外部的连接水平是不一样的。

根据生涯混沌理论,一方面,大学生应该接受现实,认识到职业生涯发展过程中那些相对稳定的因素的影响,积极拓展自己的能力,认清自己适合的环境;另一方面,则要拥抱变化,意识到变化中蕴含的机会,并能够在变化中抓住机会,创造机会。

2.3.4 认知信息加工理论

从前面的学习和认识过程中我们了解到,职业生涯规划的相关理论都对生涯决策的模式进行了强调。然而,即使个人充分掌握了自身的内在特质和外部环境的信息,也未必就能做出好的决定。同时,在人的整个生涯发展过程中,会不断面临各种重大决定。因此,决策能力是整个生涯发展过程中最重要的能力。

1991 年,盖瑞·彼得森(Gary Peterson)、詹姆斯·桑普森(James Sampsn)和罗伯特·里尔登(Robert Reardon)合著了《生涯发展和服务:一种认知的方法》一书,该书围绕认知信息加工金字塔模型展开,如图 2-1 所示,经过后续的信息加工与处理,最终发展成完整的认知信息加工理论。

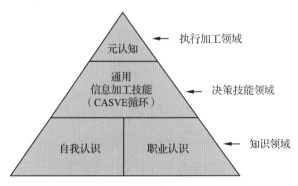

图 2-1 认知信息加工金字塔模型

在认知信息加工金字塔模型中,中间部位被称为决策技能领域,是良好决策的方法，即CASVE循环。CASVE循环是一种职业生涯规划决策技术，包括沟通、分析、综合、评估和执行5个步骤（CASVE是这5个步骤英文首字母大写的组合），如图2-2所示，各步骤之间有着层层递进的顺承关系。

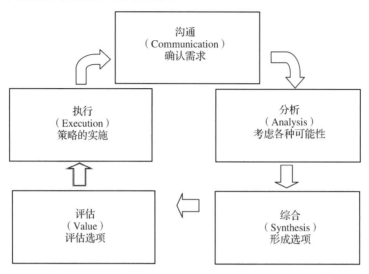

图2-2 CASVE循环示意图

① 沟通（Communication）（确认需求）：意识到问题的存在，并着手于需求的探索。

② 分析（Analysis）（考虑各种可能性）：对所有的信息进行整理。

③ 综合（Synthesis）（形成选项）：综合分析，寻找可能解决问题的方法。

④ 评估（Value）（评估选项）：评估各选项的优劣，选出最优方案并做出适应性调整。

⑤ 执行（Execution）（策略的实施）：依照方案做出行动。

从认知信息加工金字塔模型和CASVE循环示意图中可看出，认知信息加工理论重点关注的是职业生涯的决策问题。作为职业生涯规划的指导理论，它能够帮助我们判断出生涯决策过程中的具体位置和需求指向，引导广大学生做出科学合理的选择和判断，从而为职业生涯的健康发展提供保障。在本书后面职业决策方法的介绍中，将对CASVE循环进行详细的介绍。

2.3.5 职业生涯发展"三三三"理论

我国学者廖泉文在对国外职业生涯发展阶段观点进行总结的基础上，提出了一种弹性的、开放的、动态的职业生涯划分方法，即职业生涯发展"三三三"理论。他认为这种划分更加贴合当前迅速发展的人性特质对职业生涯发展影响的现实。他将人的职业生涯分为输入阶段、输出阶段和淡出阶段三个阶段，这被称为职业生涯发展的第一个

"三个阶段"（表2-1）；又将输出阶段分为适应阶段、创新阶段和再适应阶段三个子阶段，这是职业生涯发展的第二个"三个阶段"（表2-2）；职业生涯发展的第三个"三阶段"主要指再适应阶段中职业发展的阶段，又分为顺利晋升、原地踏步和下降到波谷，如表2-3所示。

表2-1 职业生涯发展的三个阶段

阶段	输入阶段	输出阶段	淡出阶段
时间	出生至就业前	就业至退休	退休前后
主要任务	输入信息、知识、经验、技能，为从业做重要准备；认识环境和社会，锻造自己的各种能力	输出自己的智慧、知识、服务和才干；进行知识的再输入、经验的再积累、能力的再锻造	精力渐衰，阅历丰富，经验见多，逐步退出职业，适应角色的转换

表2-2 输出阶段的三个子阶段

输出阶段	个人的工作状态	职业环境
适应阶段	订三个契约：对领导，我要服从你的领导 对同事，我要与你协同工作 对自己，我要使自己表现出色	适应工作硬软环境，个体与环境、个体与同事相互接受，此时进入职业阶段
创新阶段	独立承担工作任务 努力做出创造性贡献 向领导提出合理化建议	受到领导和群众认可，进入事业辉煌阶段
再适应阶段	由于工作出色获得晋升 由于发展空间小而原地踏步 由于自身骄傲或工作差错受到批评	个体要调整心态，适应变化了的环境，此时属于职业状态分化阶段

表2-3 再适应阶段的三个子阶段及对策分析

再适应阶段	职业状态	对策分析
顺利晋升	面临着新的工作环境的挑战、新的工作技能的挑战、原同级同事的嫉妒、领导会提出新的要求，表面的风光隐藏着一定的职业风波	谦虚、谨慎、更加努力，执着去追求成功
原地踏步	此时会有倚老卖老的不求上进的状态出现，挂在口头边的话是"此事我早已了解"或"我再熟悉不过了"，对同事的发展出现心理不平衡，此时如职业平移或变更更适合	寻找新的切入点，寻求各种支持，调整个体的心态，大胆地尝试新的工作方法
下降到波谷	由于个体原因或客观原因，遭受上级批评，或受降级处分，工作状态进入波谷，此时如能重新振奋精神，有希望进入第二次"三三三"发展状态	不躁不馁，重新振奋，适当平移和变更职业，再学习并重新构建人力资本，寻求机会重新开始

廖泉文的"三三三"理论突出了职业发展经历的三个不同阶段，在职业生涯的规划与发展调整上能够提供理论指导。它不仅能够方便个体更好地找到适合自己职业位置，还能最大限度地满足其职业生涯管理的需要。

2.4 高职学生职业生涯规划

随着我国近些年大力发展高等职业教育，每年高职院校的入学人数大幅增加，社会中也出现了一些现象，高职学生毕业后找不到一份"好工作"，用人单位找不到"好员工"。究其原因，是因为有很大一部分学生在选择高职院校就读的时候根本没有给自己提前作出一个职业规划，毕业后不知道应该怎样去走未来的路。

2.4.1 高职学生制定职业生涯规划的必要性

由于高职教育有其自身的教育特点，大部分学生在入学前，从来没有考虑过自己的职业生涯规划。有些学生进入高职院校后存在自卑心理、对学习不感兴趣等现象。因此，高职院校要及时引导学生进行职业生涯规划。

一、个人职业生涯的有限性要求每个人及时规划

制定职业生涯规划时需要结合自己的资源情况、制约因素而进行规划。对一个人而言，最大的资源可能不是金钱，而是时间和精力。随着年华逝去，精力日减，职业生涯的可规划性将日益降低，职业生涯规划所取得的效益也会逐步减少。在一些发达国家，职业能力、职业倾向等的测试及职业教育的开展从个人很小的时候就开始了，目的就是为了使职业生涯规划的价值最大化。所以，大学生进校后应尽早进行职业生涯规划。

二、尽早规划职业生涯有助于在校学生的个性化发展

当今，高校为了注重学生的个性化发展，实行了"创新学分制"等。这些措施为在校大学生的个性化发展提供了良好的条件。但是，对在校学生个体而言，这些都只属于外部环境，如果没有必要的职业生涯规划作为指导，学生很难明确今后职业发展的方向，大学期间的学习存在盲目性。职业生涯规划应从学生入学伊始就着手进行，成为高校教育的必要组成部分，以引导学生有效地利用宝贵的大学时光，为一生的职业发展打下坚实的基础。

三、有利于学生择业、就业

职业生涯规划指导能够为学生提供了解社会的方法和认识自我的机会，在高职院校

中及早开展职业生涯规划有利于调整学生的择业心态。同时，按照规划，经过有针对性的、系统的学习和充分的就业准备，学生的就业竞争能力无疑将得到极大的提升，有助于毕业生顺利就业，实现一生的职业生涯目标。

2.4.2 高职院校学生科学规划职业生涯

一、高职院校学生择业误区

高职学生的择业观念虽然在总体上倾向于务实化和理性化，但由于他们处于择业观念的转型时期，各种不合理的就业观念依然存在，这就影响了学生职业生涯规划的顺利制定和执行。这些不良的观念主要表现在以下几个方面。

1. 只顾眼前利益，忽视职业发展

一些学生的择业标准中只有工作条件、福利待遇等眼前的实利，而对自身的职业兴趣、能力和职业的发展前景等因素不予考虑，因而极易选择不适合自己的工作。

2. 职业标准过于功利化、等级化

有些学生过分强调职业的功利价值，甚至将职业分为不同等级，有贵贱之分，而不考虑国家和社会的需要，不愿意到条件艰苦的地区和行业工作。

3. 工作求安稳，求职一次到位的传统观念根深蒂固

一些学生喜欢稳定、清闲、福利好、有保障的单位，希望一次就能选定理想的职业，而不愿意选择有风险、有挑战性的职业，更不敢自己去创业。

4. 过分强调专业对口、学以致用

一些学生在求职时只要是与自己专业关系不密切的职业就不考虑，这样人为地增加了就业难度。

5. 对职业意义的认识不当

学生不能充分认识到职业对个人发展、社会进步的重要意义。

许多学生不能很好地规划自己的职业生涯。其原因主要有三点。第一是学生对自己缺乏客观的认识，不知道自己想干什么、能干什么，想进行职业生涯规划，但又不知从何下手；第二是对就业形势认识不够，不清楚社会到底需要什么样的人才，在职业取向上缺乏自己的判断，跟风随大流，具有很大的盲目性；第三个原因也是最重要的原因，在于很多学生根本没有意识到要为自己制定职业生涯规划，随意找工作，任意跳槽。

学生的职业生涯规划不可能一次完成，需要在实践中随着自身素质和社会发展的变化做出相应的调整。

我们知道，学生的职业生涯规划应贯穿于大学生活的始终。人的职业兴趣、能力的提高是个长期的、连续的发展过程，职业选择不是在面临择业时才有的单一事件，而是

一个发展过程，因而职业生涯规划应是一个长期的、系统的工作。从发展心理的角度看，人的童年时期就孕育了职业选择的萌芽，随着年龄、资历、教育等因素的变化，人们选择的职业态度、期望、兴趣也会发生变化。发展性职业指导理论认为，职业发展如同人的生理和心理发展一样，可以分为几个连续的发展阶段，每个阶段都有一定的特征和发展任务，如果前一阶段的职业发展任务不能很好地完成，就会影响后一阶段的职业人生任务，导致职业选择时发生障碍。

二、高职学生如何合理进行职业生涯规划

1. 学会学习

学会学习，实质是学习者学会并能正确应用有序感知、加工、转化、生产、创造信息，主动进行自我开发、建设、超越、发展的基本方法和主动修养良好学习品质、优良学习作风的方法。具体表现在：

① 能有效地认识影响学习情境的有关因素，并以此来安排、组织、调整自己的学习活动。

② 必须对自己学习的心理活动有自我意识。

③ 必须有一定的知识储备，形成新知识的"落脚点"或"固定点"。

④ 必须有符合自己的科学的学习方法。

⑤ 必须学会把已掌握的知识、方法、动机、态度迁移到新的学习情境中，解决新的学习问题。

2. 学会做事

学会做事是职业适应能力的表征。如何使学习与未来的工作相适应，已经不像过去那样简单地被理解为学会做事的含义就是学会适应某一特定的工作，而应是适应职业的流动和自主创业。

3. 学会共同生活

学会共同生活是现代社会人们的素质特点之一，合作是现代人的广泛性要求。现代人必须具有情感同化的态度和意识，认识自己，接纳他人，合作共处。在全球化迅速发展的背景下，更要懂得人类的多样性和相互依存性，要具有开放的能力及应对人与人之间、群体之间、民族之间不可避免地出现的紧张关系的能力。

4. 学会生存

学会生存是前三种学习成果的主要表现形式。个体要有适应与改造自身环境的能力。职业生活是生存的手段和实现价值追求的途径，而生存能力发展的各个阶段又是与人格的不断成熟相一致的，所以要充分地发展自己的人格、发展个性，并能以不断增强的自主性、判断力和个人责任感来指导行动。

迈出校门之后，如果你发现自己所从事的职业一直没有成功的希望，那么你的这份职业是否发挥了自己的才干？一旦发现原来的职业生涯规划不适合现在的自己，那就不要再浪费时间，应当马上重新制定职业生涯规划，另外寻找一片沃土。当然在你重新确定目标、改变航向之前，一定要慎重考虑，不要仓促行事，以免落得一事无成的下场。虽然从头再来会比别人多一些困难，但仍然有东山再起的希望，比那些死守一个不适合自己的职业、浑浑噩噩过一辈子的保守者要幸运。只要找到正确的职业方向，你会感到自己的生活和思想都焕然一新，充满希望和斗志，信心十足。这种聪明的做法并不是一种失信的行为，而恰恰是求职大学生责任心强的体现，既对个人发展负责，也能创造最佳的社会效益。

在以上原则基础上规划、设计的职业一定会是适合大学生的理想职业，它有益于个人内在素质的提升及个人的不断进步。我们应该把自己的职业当作一种广博的学问，在工作中学会如何待人接物、如何发展自己及怎样为人处世。可以说，大学生的职业生涯规划是描绘美好未来的开始！

【思考题】

1. 大学生在进行职业生涯规划时要注意哪些问题？
2. 高职学生如何做好职业生涯规划？

第三讲　自我认知

中国有句古话：人贵有自知之明。意思是说能清醒地认识自己、对待自己，是最明智、最难能可贵的。清楚地认识自己对于我们每一个人来说都非常重要。在我们学有所成，准备走向社会之前，对自己好好剖析一番，认清自己的兴趣、性格、气质特征、能力等，对我们规划自己的职业生涯大有好处。

3.1　自我认知概述

自我认知指的是对自己的洞察和理解，包括自我观察和自我评价。自我观察是指对自己的感知、思维和意向等方面的觉察；自我评价是指对自己的想法、期望、行为及人格特征的判断与评估。自我认知主要包括以下内容：

1. 生理自我

个体对自己身体、生理状态的认识体验，如身高、体重、容貌、舒适度等。

2. 心理自我

个体对自己的心理活动、个性特点、心理品质的认识、体验和愿望，如智慧、能力、性格、气质、兴趣、爱好、意志等。

3. 理性自我

个体的思维方式、思维方法、道德水准、情商等。

4. 社会自我

个体在社会上所扮演的角色，包括对自身在客观世界中的地位、责任、名誉、力量、他人对自己及自己对他人的认识和体验。

3.1.1　自我认知的作用

为什么要在职业生涯开始规划之前提出自我认知这一概念呢？

一、从职业生涯规划的环节看，自我认知是职业生涯规划的前提

自我认知是职业生涯规划中不可缺少的一个步骤。如果忽视了这一步，或自我认知不全面，生涯规划将因根基不牢，中途夭折。自我认知是对自己做全面分析，通过自我分析，认识自我，了解自我，从而对自己有一个客观全面的认识和定位，在此基础上才能对自己的职业做正确的选择，才能选定适合自己发展的生涯路线，才能对自己的生涯目标做出最佳的抉择。因此，自我认知是职业生涯规划中不可或缺的一部分。

二、从职业生涯发展规划的要素看，认识自我是"知己"的具体内容

由于每个人的成长环境、文化背景、个性类型、文化资本构成、价值观、职业生涯目标、对成功的标准等存在差异，个人职业生涯规划有着明显的个性化特征，不同的人在做职业生涯规划时，所考虑的因素也有所不同。著名职业生涯规划专家罗双平曾用公式总结出了职业生涯规划的三大要素，即知己、知彼和抉择，并用图3-1对三大要素间的关系和具体内容进行了展示。

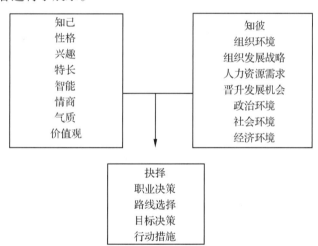

图3-1 职业生涯规划 = 知己 + 知彼 + 抉择

其中，"知己"是自我认识和自我了解；"知彼"是对与生涯发展有关的工作环境及相关信息的掌握；"抉择"是在知己知彼的基础上，再来确定与现实相符，能充分发挥个人特长，且自身兴趣、性格、气质特征与工作相匹配的职业目标。

通过图3-1我们不难了解，认识自己是职业生涯规划的第一大要素——"知己"的具体内容。成功的职业生涯规划要求规划者充分认识上述三要素。只有在充分"知己"的前提下，即首先对自己做全面的分析，通过自我分析，正确深刻地认识和了解自己，才能对自己未来的职业生涯做出最佳的决策。

故事案例一

如何认清自己

一栋摩天大楼的主人,每个月都为昂贵的电梯修理费而苦恼。因为大楼很高,电梯不是一按就到,乘客往往等得不耐烦,于是连续按按钮,所以电梯按钮坏得很快。人们虽然看见电梯灯已经亮了,但还是要再按一下才安心,好像别人按的都不算,非得自己的"魔术指"按一下,电梯才会来。

这个老板在电梯旁张贴许多告示,都没有效果,最后他想出了一个办法:若有人能使乘客习惯改变,便给予重赏。结果一名心理学家建议:在电梯门上装一面大镜子。因为当乘客看见自己的腹热心煎的状态时,会觉得很不雅观、有失风度,便会注意个人的行为举止。该问题很容易被解决了。所以,当人们一站到镜子前时,就立刻变得有礼貌,原先熙熙攘攘的人群,在镜子前都成了绅士、淑女,这就是镜子的妙用。

3.1.2 自我认知的方法

要更好地进行自我认知,就必须运用科学合理的方法对自己进行剖析。我们可以采取自我总结或与家人、朋友、同事等交流的方式来进行探究,也可以采用相对专业权威的心理量表进行相对客观的职业测评。这里介绍自我认知常用的两种方法。

一、橱窗法

心理学家鲁夫特(J. Luft)与英格汉(H. Ingham)提出"周哈里窗(Johari Window)"模型,"窗"是指一个人的心就像一扇窗,周哈里窗展示了关于自我认知的四个维度,如图3-2所示。

我知我

公开我	隐私我
盲点我	潜能我

别人知我　　　　　　　　　别人不知我

我不知我

图3-2 "周哈里窗"模型

1. 公开我

"公开我"也称"开放我"或"公众我",属于自由活动区域。这是自己清楚、别人也知道的部分,所谓"当事者清,旁观者也清"。比如,我们的性别、外貌;再比如,某些可以公开的信息,包括婚否、职业、工作生活所在地、能力、爱好、特长、成就等。"公开我"的大小取决于自我心灵开放的程度、个性张扬的力度、人际交往的广度、他人的关注度、开放信息的利害关系等。"公开我"是自我最基本的信息,也是了解自我、评价自我的基本依据。

2. 盲点我

"盲点我"也称"盲目我"或"背脊我",属于盲目领域。这是自己不知道、别人却知道的部分,所谓"当事者迷,旁观者清"。可以是一些很突出的心理特征,也可以是一些不经意的小动作或行为习惯。盲点我可以是一个人的优点或缺点。"盲点我"的大小与自我观察、自我反省的能力有关,通常内省特质比较强的人,"盲点我"比较小。而熟悉并指出"盲点我"的他者,往往也是关爱你的人、欣赏你的人、信任你的人。所以,我们要学会用心聆听,以开阔的胸怀接纳别人的意见和看法,做到"海纳百川,有言乃大"。

3. 隐私我

"隐私我"也称"隐藏我",属于逃避或隐藏领域。这是自己知道、别人不知道的部分,与"盲点我"正好相反。就是我们常说的隐私、个人秘密,不愿意或不能让别人知道的事实或心理。身份、缺点、往事、疾患、痛苦、窃喜、愧疚、尴尬、欲望、意念等,都可能成为"隐私我"的内容。适度的内敛和自我隐藏,给自我保留一个私密的心灵空间,避去外界的干扰,是正常的心理需要。但是"隐私我"太多,开放我就太少,如同筑起一座封闭的心灵城堡,无法与外界进行真实有效的交流与融合,可能会成为人际交往的迷雾与障碍,甚至会让人错失机会。勇于探索自我者,不能只停留在"公开我"的层面,还应敢于直面"隐私我"的秘密和实质。

4. 潜能我

"潜能我"也称"未知我"或"潜在我",属于处女领域。这是自己和别人都不知道的部分,有待挖掘和发现。通常是指一些潜在能力或特性,比如一个人经过训练或学习后可能获得的知识与技能,或者在特定的机会里展示出来的才干。按照弗洛伊德(S. Freud)的理论,潜意识就像隐藏在海水下的冰山,巨大而又容易被忽视,是自我意识中待探索的宝藏。对"潜能我"的探索和开发,能更全面而深入地认识自我、激励自我、发展自我、超越自我。学着尝试在一些全新的领域,挖掘潜力,会收获惊喜。勇于自我探索者,要善于开发"潜能我"。

周哈里窗提出的目的,是希望人们能清楚掌握自己的四个部分,并且通过某种方法,让"隐私我"向"公开我"不断转移,让更多的人深入了解你;同时通过理性、客观、虚心接受别人的意见和批评(回应),让自己的"盲点我"越来越小,让自己的"公开我"越来越大,直面自我,自信开放,大方包容(图3-3)。

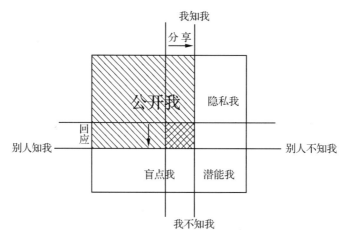

图3-3 周哈里窗的应用启示

李某是人力资源工作者,他所在企业的司机要辞职,但是总经理对该司机比较满意,就一直没批准,李某学了"周哈里窗"之后就在司机第N次催批准辞职时运用了。他进行了一场无压力的轻松对话,了解到司机想辞职的原因是工资比别的企业同行略低,他用谈心的方式为司机打开了"周哈里窗"之后,司机决定不辞职了。为什么?因为窗口都打开之后,司机发现自己目前只关注到了工资低(公开我),但是忽视了福利待遇(吃住免费、工装免费并且有人洗、有节庆福利和法定假期)、仅八小时内需要陪领导(工作量小)这些"盲点我"的事情,并且打开了"隐私我"(离婚),这个单位是最温馨的地方,同事关系融洽。

二、他人评价

只从一个角度看一件东西往往是不够全面的,我们要吸收、听取他人对自己的评价,从多个角度分析自己是一个什么样的人。只有这样,我们才能了解到一个更为立体的自己,从而客观全面地了解自我。

360°评价法

360°评价法,是指被评估者接受来自各方面,包括自己、家长、同学、老师、同事等多方面的评估,最终的结果是对这些不同来源的评价结果进行综合分析的评价方法。优点是将自我评价与他人评价的结果进行比较,有利于被评价者更好地认识自我;评价匿名进行,可以获得评价者的真实想法。

请运用360°评价法获取他人对你的评价,并填入表3-1中。

表3-1　运用360°评价法评价

评价人群	优点	缺点
自我		
家人		
同学		
老师		
朋友		
领导		
总结		

3.2　职业性格

职业性格,是指人们在长期特定的职业生活中所形成的与职业相联系的、稳定的心理特征。人的性格千差万别,或热情外向,或羞怯内向,或沉着冷静,或火暴急躁。职业心理学的研究表明,不同的职业有不同的性格要求。虽然每个人的性格都不能百分之百地适合某项职业,但可以根据自己的职业倾向来培养、发展相应的职业性格。

不同性格特征的人员,对企业而言,决定了每个员工的工作岗位和工作业绩;对个人而言,决定着自己的事业能否成功。例如,有的人对待工作总是一丝不苟,踏实认真;在待人处事中总是表现出高度的原则性、果断、活泼、负责;在对待自己的态度上总是表现为谦虚、自信、严于律己等。所有这些特征的总和就是他的职业性格。

性格与职业

1. 变化型

能够在新的或意外的工作情境中感到愉快，喜欢工作内容经常有些变化，在有压力的情况下工作得很出色，追求并且能够适应多样化的工作环境，善于将注意力从一件事情转移到另一件事情上去。

2. 重复型

适合并喜欢连续不断地从事同一种工作，喜欢按照一个固定的模式或别人安排好的计划工作，爱好重复的、有规则的、有标准的职业。

3. 服从型

喜欢配合别人或按照别人的指示去办事，愿意让别人对自己的工作负责，不愿意自己担负责任，不愿意自己独立做出决策。

4. 独立型

喜欢计划自己的活动并指导别人的活动，会从独立的、负有责任的工作中获得快感，喜欢对将要发生的事情做出决定。

5. 协作型

会对与人协同工作感到愉快，善于引导别人按客观规律办事，希望自己能得到同事的喜欢。

6. 劝服型

乐于设法使别人同意自己的观点，并能够通过交谈或书面文字达到自己的目的。对别人的反应具有较强的判断能力，并善于影响他人的态度、观点和判断。

7. 机智型

在紧张、危险的情况下能很好地执行任务，在发生意外的情况下，能够自我控制、镇定自若、出色地完成工作。在出差错时不会惊慌，应变能力强。

8. 社会型

喜欢表现自己，通过自己的工作和情感来表达自己的思想。

9. 严谨型

注重细节，愿意在工作过程的各个环节中，按照一套规则、步骤将工作做得尽善尽美。工作严格、努力、自觉、认真，保质保量，喜欢看到自己出色完成工作后的效果。

10. 公关型

对周围的人和事物观察得相当透彻，能够洞察现在和将来。随时可以发现事物的深层含义和意义，并能看到他人看不到的事物内在的抽象联系。

3.2.1 职业性格的四个维度

职业性格特征测评以瑞士心理学家荣格（Carl Gustav Jung）的心理类型理论为基础，它通过了解人们在做事、获取信息、决策等方面的偏好，从四个维度对人进行分析，用字母代表如下：

精力支配：外向 E—内向 I。

认识世界：感觉 S—直觉 N。

判断事物：思维 T—情感 F。

生活态度：判断 J—知觉 P。

3.2.2 职业性格倾向特征

职业性格倾向特征如表 3-2 所示。

表 3-2 职业性格倾向特征

维度	倾向	
	外向型的人（E）	内向型的人（I）
精力支配	与他人在一起时感到振奋 希望成为注意的焦点 先行动，后思考 喜欢边想边说出声 易于被了解，愿与人分享个人信息 说得比听得多 热情地交流 反应迅速，喜欢快节奏 较之精深，更喜欢广博	独自一人时感到舒适 避免成为注意的焦点 先思考，后行动 在脑中思考 注重隐私，只与少数人共享个人信息 听得比说得多 不把热情表现出来 思考之后再反应，喜欢慢节奏 较之广博，更喜欢精深
	感觉型的人（S）	直觉型的人（N）
认识世界	相信确定而有形的事物 喜欢具有实际意义的新主意 崇尚现实主义与常识 喜欢运用和琢磨已有技能 留心特殊和具体的，喜欢给出细节 循序渐进地给出信息 着眼于现在	相信灵感和推理 喜欢新主意和新概念，只出于自己的意愿 崇尚想象力和新事物 喜欢学习新技能，但掌握之后容易厌倦 留心普遍和象征性的，使用隐喻和类比 跳跃式地以一种绕圈的方式给出信息 着眼于将来

续表

维度	倾向	
	思维型的人（T）	情感型的人（F）
判断事物	后退一步，客观分析问题 崇尚逻辑、公正和公平，有统一标准 自然地发现缺点，有吹毛求疵的倾向 可能被视为无情、麻木、漠不关心 认为诚实比机敏更重要 认为只有合乎逻辑的感情才正确	向前看，关心行动给他人带来的影响 注重感情与和睦，看到规则的例外性 自然地想让别人快乐，易于理解别人 可能被视为过于感情化、无逻辑、脆弱 认为诚实与机敏同样重要 认为所有感情都是正确的，无论是否有意义
	判断型的人（J）	知觉型的人（P）
生活态度	做完决定后感到快乐 先工作再玩 确立目标并按时完成任务 想知道自己的处境 看重结果 通过完成任务获得满足 把时间看成有限资源，认真对待时间期限	因保留选择的余地而快乐 先玩再工作 当有新的情况时便改变目标 喜欢适应新环境 看重过程 通过着手新事物而获得满足 把时间看成无限资源，认为时间期限是活的

3.2.3 职业性格与职业

四个维度每个角度有一种性格倾向，然后四个维度组合，形成16种人格类型。每一种类型表现出独特的行为与互动风格。因此，在与人交往中、工作选择中及生活平衡方面，你都可以通过了解自己内在的特征（表3-3），以明确可能的最佳做事方法与职业选择。

表3-3 职业性格

ISTJ	ISFJ	INFJ	INTJ
管理者、行政管理、执法者、会计或者其他能够让他们可以利用自己的经验和对细节的注意完成任务的职业	教育、健康护理、宗教服务或者其他能够让他们运用自己的经验亲力亲为帮助别人的职业，这种帮助是协助或辅助性的	宗教、咨询服务（个人、社会、心理等）、教学/教导、艺术或者其他能够促进他们情感、智力或精神发展的职业	科学技术领域、计算机、法律或者其他能够让他们运用智力创造和技术知识去构思、分析和完成任务的职业
ISTP	ISFP	INFP	INTP
熟练工种、技术领域、农业、执法者、军人或者其他能够让他们动手操作、分析数据或事情的职业	健康护理、商业、执法者或者其他能够让他们运用友善、专注于细节的相关服务的职业	咨询服务（个人、社会、心理等）、写作、艺术或者其他能够让他们运用创造力和集中于他们的价值观的职业	科学技术领域或者其他能够让他们基于自己的专业技术知识独立、客观分析问题的职业

续表

ESTP	ESFP	ENFP	ENTP
市场、熟练工种、商业、执法者、应用技术或者其他能够让他们利用行动关注必要细节的职业	健康护理（生理、心理）、教学／教导、教练、儿童保育、熟练工种或者其他能够让他们利用外向的天性和热情去帮助那些有实际需要的人们的职业	咨询服务（个人、社会、心理等）、教学／教导、宗教、艺术或者其他能够让他们利用创造和交流去帮助、促进他人成长的职业	科学、管理者、技术、艺术或者其他能够让他们有机会不断承担新挑战的工作
ESTJ	ESFJ	ENFJ	ENTJ
管理者、行政管理、执法者或者其他能够让他们运用对事实的逻辑和组织完成任务的职业	教育、健康护理（生理、心理）、宗教或者其他能够让他们运用个人关怀为他人提供服务的职业	宗教、艺术、教学／教导或者其他能够让他们帮助别人在情感、智力和精神上成长的职业	管理者、领导者或者其他能够让他们运用实际分析、战略计划和组织完成任务的职业

请完成 MBTI 性格测验，了解自己的职业性格，寻找适合自己的岗位。

我的性格测试结果是：

MBTI 性格测验

要求：请对每题 a，b 的选项评分，a＋b 评分的总和为 5。

[提示] 0—从不，1—很少，2—中间，3—很多，4—极多，5—总是。

1. （　）a 先了解别人的想法，再下决定。
   （　）b 不和别人商量，就下决定。

2. （　）a 认为自己是一个富于想象或凭直觉的人。
   （　）b 认为自己是一个讲求精确、讲求事实的人。

3. （　）a 根据现有资料及情境的分析，对他人做出评判。
   （　）b 运用同理心与感觉以了解他人的需要及价值观，并以之对他人做出评判。

4. （　）a 顺着他人的意思做出承诺。
   （　）b 做明确的承诺，并确实加以实践。

5. （　）a 有安静、独自思考的时间。
   （　）b 与他人打成一片。

6. （　）a 运用所熟悉的好方法来完成工作。

( ) b 尝试运用新的方法来完成工作。

7. ( ) a 以合乎逻辑思考及按部就班的分析得出结论。
   ( ) b 根据过去生活的体验及信息来得出结论。

8. ( ) a 定下完成工作的最后期限。
   ( ) b 拟订时间表,并严格遵行。

9. ( ) a 和人稍谈话题后,再自我思考一番。
   ( ) b 和他人尽兴畅谈某事后,再自我思考一番。

10. ( ) a 设想各种可能发生的情况。
    ( ) b 按实际情况处理问题。

11. ( ) a 被认为是一个擅长思考的人。
    ( ) b 被认为是一个敏于感觉的人。

12. ( ) a 事前详细考虑各种可能性,事后反复思考。
    ( ) b 搜集需要的数据,稍做考虑后,做出明快决定。

13. ( ) a 拥有内在的思想和情感,而不为他人所知。
    ( ) b 与他人共同做某些活动或事件。

14. ( ) a 抽象与理论。
    ( ) b 具体与实际。

15. ( ) a 协助别人探索他们自己的感受。
    ( ) b 协助别人做出合理的决定。

16. ( ) a 问题的答案保持弹性,且可修改。
    ( ) b 问题的答案是明确的、可预知或可预测的。

17. ( ) a 很少表达自我内在的想法及感受。
    ( ) b 自在地表达自我内在的想法及感受。

18. ( ) a 从大处着眼。
    ( ) b 从小处着手。

19. ( ) a 运用常识,凭着信念来做决定。
    ( ) b 运用资料分析事实来做决定。

20. ( ) a 事先详细计划。
    ( ) b 临时视需要而制订计划。

21. ( ) a 结交新朋友。
    ( ) b 独处或只与熟识者交往。

22. ( ) a 重视概念。
    ( ) b 重视事实。

23. （　）a 相信自己的想法。
    （　）b 相信经证实的结语。
24. （　）a 尽可能在记事簿上记下事情。
    （　）b 尽可能少用记事簿记载事情。
25. （　）a 在团体中详细地讨论新奇未决定的问题。
    （　）b 自己先想出结论，然后和他人讨论。
26. （　）a 拟订详密的计划，然后确实地执行。
    （　）b 拟订计划，但不一定执行。
27. （　）a 是理性的。
    （　）b 是感性的。
28. （　）a 随心所欲做事情。
    （　）b 尽量事先了解别人期望我做什么。
29. （　）a 成为众人的焦点。
    （　）b 退居幕后。
30. （　）a 自由想象。
    （　）b 检视实情。
31. （　）a 体验感人的情境或事物。
    （　）b 运用能力，分析情境。
32. （　）a 在预定的时间内开会。
    （　）b 在一切妥当或安适的情况下，宣布开会。

计分方法：

（1）将计分表（表3-4）上每一栏的总分相加，共4对、8个分数。

（2）分别找出每一对分数中数字较大者，即为你个人的风格，每人均可有4个风格。例如，内向型18分，外向型22分，则取外向型为个人风格，其他以此类推。

（3）每个风格都有程度上的差别，如果在相对应的两种风格中（如外向型对应内向型），有一方的程度较强，即表示另一方程度较弱，其比照分数如下：

30~40分：表示这种风格非常强，几乎没有另一种对应风格。
25~29分：表示这种风格比另一种风格强。
22~24分：表示这种风格比另一种风格稍强一些。
20~21分：表示兼具两种风格的特质。

表 3-4 计分表

一		二		三		四	
内向型(I)	外向型(E)	直觉型(N)	感觉型(S)	思维型(T)	情感型(F)	知觉型(P)	判断型(J)
1. b	1. a	2. a	2. b	3. a	3. b	4. a	4. b
5. a	5. b	6. b	6. a	7. a	7. b	8. b	8. a
9. a	9. b	10. a	10. b	11. a	11. b	12. a	12. b
13. a	13. b	14. a	14. b	15. b	15. a	16. b	16. a
17. a	17. b	18. a	18. b	19. b	19. a	20. b	20. a
21. b	21. a	22. a	22. b	23. b	23. a	24. b	24. a
25. b	25. a	26. b	26. a	27. b	27. a	28. b	28. a
29. b	29. a	30. a	30. b	31. b	31. a	32. b	32. a
合计：	合计：	合计：	合计：	合计：	合计：	合计：	合计：

结果分析：

（1）内向感觉思维判断型（ISTJ）。

性格特征为：严肃、安静、凭借集中心志与全力投入及可被信赖获得成功；行事务实、有序、实际、逻辑、真实及可信赖；十分留意且乐于任何事（工作、居家、生活）均有良好的组织；负责任并且按照设定的成效来做出决策，同时不畏阻挠与闲言，会坚持到底；重视传统与忠诚。

发展建议为：①除了关注现实问题外，需关注更深远、定向于未来的问题；②需考虑人的因素，并向他人表达其应得的赞赏；③避免陈规，试图寻找新的选择；④需培养耐心，应付那些需要用不同方式来沟通或忽视规则和程序的人。

适合的职业为：审计师、会计、财务经理、办公室行政管理、后勤和供应管理、中层经理、公务（法律、税务）执行人员、银行信贷员、成本估价师、保险精算师、税务经纪人、税务检查员、机械师、电气工程师、计算机程序员、数据库管理员、地质学家、气象学家、法律研究者、律师、外科医生、药剂师、实验室技术人员、牙科医生、医学研究员等。

（2）内向感觉情感判断型（ISFJ）。

性格特征为：安静、和善、负责任且有良心；做事尽责投入；安定性高，常成为项目或团体的安定力量者；愿投入、吃苦及力求精确；兴趣通常不在于科技方面；对细节事务有耐心；忠诚、考虑周到、知性且会关切他人的感受；致力于创造有序和谐的工作与家庭环境。

发展建议为：①工作中需要评估风险，以积极、全面的观点来看待未来；②需表现得更自信和直率些；③学会宣扬自己的成就；④对其他形式的做事方式需保持开放态度。

适合的职业为：行政管理人员、总经理助理、秘书、人事管理者、项目经理、物流经理、律师助手、医生、护士、药剂师、医学专家、营养学专家、顾问、零售员、精品店业主、大型商场及酒店管理人员、室内设计师等。

（3）内向直觉情感判断型（INFJ）。

性格特征为：会在工作中投注最大的努力；默默而用心地关切他人；因坚守原则而受到敬重；想了解什么能激励他人及对他人具有洞察力；光明正大且坚信其价值观。

发展建议为：①需学会及时给他人建设性的反馈；②需不断地征求他人的建议和获得他人的反馈；③需以更放松和开放的态度来面对现状。

适合的职业为：心理咨询工作者、心理治疗师、职业指导顾问、大学教师（人文学科、艺术类）。

（4）内向直觉思维判断型（INTJ）。

性格特征为：有宏大的愿景，且能在众多外界事件中快速地找出有意义的模范；有良好的策划、执行能力；具怀疑心、挑战性，同时独立、果断，对专业水准及绩效要求高。

发展建议为：①对自己个性化的工作方式和想法，可以征求他人的反馈和建议；②尽早与参与任务的人沟通，讨论自己的想法和战略计划；③当事实资料不支持自己的想法时，应面对现实；④明确鼓励和承认他人的贡献。

适合的职业为：科学家、研究人员、设计工程师、系统分析员、计算机程序员、研究开发部经理、技术专家、企业管理顾问、投资专家、法律顾问、医学专家、精神分析学家、经济学家、投资银行研究员、证券投资和金融分析员、投资银行家、财务计划员、企业并购专家、各类发明家、建筑师、社论作家、设计师、艺术家等。

（5）内向感觉思维知觉型（ISTP）。

性格特征为：属于冷静旁观者。安静、预留余地、弹性及会以无偏见的好奇心与未预期的原始幽默来观察与分析；有兴趣探索原因、效果、技术事件为何及如何运作且使用逻辑的原理组构事实、重视效能；擅长掌握问题核心及找出解决方式。

发展建议为：①需增强开放性，关心他人，与他人共享信息；②需发展持之以恒的态度，改变与人沟通的方法；③需加强计划性，付出更多努力以获取想要的成功。

适合的职业为：机械、电气、电子工程师，各类技术专家和技师，计算机硬件、系统管理专业人员，证券分析师，金融、财务硕问，经济学研究者，贸易、商品经销、产品代理商（有形产品为主），警察，侦探，体育工作者，赛车手，飞行员，雕塑家，画家，等等。

（6）内向感觉情感知觉型（ISFP）。

性格特征为：羞怯、敏感、亲切且行事谦虚，喜欢避开争论，不对他人强加己见或价值观；无意于当领导，常是忠诚的追随者；办事不急躁，安于现状；喜欢有自由的空间及按照自定的程序办事。

发展建议为：①需发展以怀疑的态度分析他人提供的信息；②需学会给他人负面反馈，处理好冲突；③需发展更广阔、更朝向未来定向的观念；④需对他人更果断、对自己有更多赞赏。

适合的职业为：时装、首饰设计师，装潢、园艺设计师，陶器、乐器、卡通、漫画制作者，素描画家，舞蹈演员，画家，出诊医生，护士，理疗师，牙科医生，个人健康和运动教练，餐饮业、娱乐业业主，旅行社销售人员，体育用品、个人理疗用品销售员，等等。

（7）内向直觉情感知觉型（INFP）。

性格特征为：属于安静观察者。希望外在生活形态与内在价值观相吻合；具有好奇心且很快能看出机会所在；除非价值观受侵犯，否则行事具弹性、适应力及承受力强；对所处境遇不太在意。

发展建议为：①需要学会怎样工作而不是只注意寻求理想的反应；②需要发展更坚强的意志，并愿意说"不"；③需要用自己的准则分清事实和逻辑；④需要建立和执行行动计划。

适合的职业为：各类艺术家、插图画家、诗人、小说家、建筑师、设计师、文学编辑、艺术指导、记者、大学老师（人文类）、心理学工作者、心理辅导和咨询人员、社科类研究人员、社会工作者、教育顾问、图书管理者、翻译家等。

（8）内向直觉思维知觉型（INTP）。

性格特征为：安静、有弹性及具适应力；特别喜爱追求理论与科学事理；是问题解决者，习惯以逻辑分析来解决问题；对创意事务及特定工作感兴趣；追求可发挥个人强烈兴趣的生涯。

发展建议为：①需要关注现实中的细节，确立完成任务的具体步骤；②需要简单地陈述事实；③为获得他人的合作，需要放弃细小的问题；④需要更好地认识他人，更多地表达对他人的赞赏。

适合的职业为：软件设计员、系统分析师、计算机程序员、数据库管理员、故障排除专家、大学教授、科研机构研究人员、数学家、物理学家、经济学家、考古学家、历史学家、证券分析师、金融投资顾问、律师、法律顾问、财务专家、侦探、各类发明家、作家、设计师、音乐家、艺术家、艺术鉴赏家等。

（9）外向感觉思维知觉型（ESTP）。

性格特征为：擅长即时解决问题；具适应性、容忍度、务实性；投注精力于很快有成效的工作；不喜欢冗长概念的解释及理论；专精于可操作、处理、分解或组合的真实事务。

发展建议为：① 需抑制自己的任务型定向，分析他人的情绪感受；② 需在快速决定之前，事先计划，考虑更多的因素；③ 需完成眼前的任务；④ 需以适当的观点看待工作和娱乐。

适合的职业为：各类贸易商，批发商，中间商，零售商，房地产经纪人，保险经纪人，汽车销售人员，私家侦探，警察，餐饮、娱乐及其他各类服务业的业主、主管、特许经营者，自由职业者，股票经纪人，证券分析师，理财顾问，个人投资者，娱乐节目主持人，体育节目评论员，音乐、舞蹈表演者，健身教练，体育工作者，等等。

(10) 外向感觉情感知觉型（ESFP）。

性格特征为：外向、和善、乐于与他人分享喜乐；喜欢与他人一起行动且促成事件的发生，在学习时亦然；知晓事件未来的发展并会积极参与；有弹性，擅长人际相处，能立即适应他人与环境；享受生活、热爱生命。

发展建议为：① 为减少非个体性冲突，做决策时需理智分析决策的意义；② 进行管理工作前应事先制订计划；③ 需平衡花费在任务和社交上的时间；④ 需致力于完成计划，对时间进行管理。

适合的职业为：精品店、商场销售人员，娱乐、餐饮业客户经理，房地产销售人员，汽车销售人员，市场营销人员（消费类产品），广告企业中的设计师、创意人员、客户经理，时装设计和表演人员，摄影师，节目主持人，脱口秀演员，旅游企业中的销售、服务人员、导游，社区工作人员，志愿工作者，公共关系专家，健身和运动教练，医护人员，等等。

(11) 外向直觉情感知觉型（ENFP）。

性格特征为：充满热忱、活力充沛，聪明的、富有想象力的，视生命充满机会但期待能得到他人的肯定与支持；几乎能达成所有感兴趣的事；对难题很快就有对策并能对有困难的人施以援手；为达目的常能找出强制自己为之的理由；即兴执行。

发展建议为：① 需要根据重要性事先做好安排，先做最重要的，坚持到底；② 需要关注重要的细节；③ 需要学会筛选任务，不要试图去做所有具有吸引力的任务；④ 为达成目标，需制订计划，掌握时间管理的技巧。

适合的职业为：儿童教育老师、大学老师（人文类）、心理学工作者、心理辅导和咨询人员、职业规划顾问、社会工作者、人力资源专家、培训师、演讲家、记者（访谈类）、节目策划和主持人、专栏作家、剧作家、艺术指导、设计师、卡通制作者、电影制片人、电视制片人等。

(12) 外向直觉思维知觉型（ENTP）。

性格特征为：容易看清他人、反应快、聪明、擅长多样事务；会为了有趣而对问题的两面加以争辩；对解决新颖及有挑战性的问题富有策略，但会轻视或厌烦经常性的任务与细节。

发展建议为：①需要注意各个方面的因素和基本的事实；②需要承认他人贡献的有效性；③需要设立现实性的开始与结束的期限，知道何时该结束；④需要学会怎样在组织里工作。

适合的职业为：投资顾问（房地产、金融、贸易、商业等）、各类项目的策划人和发起者、投资银行家、风险投资人、企业业主（新兴产业）、市场营销人员、各类产品销售经理、广告创意、艺术总监、访谈类节目主持人、制片人、公共关系专家、公司对外发言人、社团负责人、政治家等。

(13) 外向感觉思维判断型（ESTJ）。

性格特征为：务实、具有企业工作经验及技术天赋；不喜欢抽象理论；最喜欢学习可立即运用的事理；喜好组织与管理活动且专注以最有效率的方式行事以达成效；属于优秀行政者，具决断力、关注细节且能很快做出决策；会忽略他人的感受；喜欢成为领导者或企业主管。

发展建议为：①决策之前需考虑各种因素，包括人为因素；②需要促使自己看到他人要求变革而获得的利益；③需学会赞赏别人；④需从工作中抽点时间考虑和识别自己的情感和价值观。

适合的职业为：大中型外资企业员工、业务经理、中层经理（多分布在财务、营运、物流采购、销售管理、项目管理、工厂管理、人事行政部门），职业经理人，各类中小型企业主管和业主。

(14) 外向感觉情感判断型（ESFJ）。

性格特征为：属于天生的合作者及活跃的组织成员，诚挚、爱说话、合作性高、受欢迎、光明正大；擅长创造和谐；常做对他人有益的事务；给予其鼓励及称许会有更佳工作成效；对会直接及有形影响人们生活的事物感兴趣；喜欢与他人共事而精确、准时地完成工作。

发展建议为：①需学会注意差异性和处理冲突；②需学会明确自己的真正需要；③需学会更客观地听取他人真正需要什么；④做决策时，需考虑决策的理性及全局性的意义。

适合的职业为：办公室行政或管理人员、秘书，总经理助理，项目经理，客户服务部人员，采购和物流管理人员，医生，护士，健康护理指导师，饮食学、营养学专家，小学教师（班主任），学校管理者，银行、酒店、大型企业客户服务代表，客户经理，公共关系部主任，商场经理，餐饮业业主和管理人员，等等。

(15) 外向直觉情感判断型（ENFJ）。

性格特征为：热忱、对别人所想会表达真正关切且切实用心去处理；能怡然且技巧性地带领团体讨论或演示文稿提案；爱交际、受欢迎及富同情心；对称许及批评很在意；喜欢带领他人发挥潜能。

发展建议为：① 需要认识人们的局限性；② 需要学会建设性地处理冲突；③ 需要学会同时关注任务中的细节问题和完成任务的人；④ 需要认真听取客观的评价，少一些自我批评。

适合的职业为：人力资源培训主管，销售员和团队培训员，职业指导顾问，心理咨询工作者，大学教师（人文学科类），教育学、心理学研究人员，记者，撰稿节目主持人（新闻、来访类），公共关系专家，社会活动家，文艺工作者，平面设计师，画家，音乐家，等等。

(16) 外向直觉思维判断型（ENTJ）。

性格特征为：坦诚、具有决策力的活动领导者；擅长内涵与智能的谈话，如对公众演讲；乐于经常吸收新知识且能广开信息渠道；容易过度自信；喜欢长远项目的策划及目标设定。

发展建议为：① 需要考虑人的因素，赞赏他人对组织的贡献；② 行动前先检查现实的、人力的、环境的资源是否可获得；③ 决策前花些时间考虑和反思各个方面的因素；④ 需要学会鉴别和重视自己和他人的情感。

适合的职业为：各类企业的高级主管、总经理，企业主，社会团体负责人，政治家，投资银行家，风险投资家，股票经纪人，公司财务经理、财务主管，经济学家，企业管理顾问，企业战略顾问，项目顾问，专项培训师，法官，知识产权专家，大学教师，科技专家，等等。

3.3 职业兴趣

3.3.1 职业兴趣概述

兴趣是指建立在需要基础上，带有积极情绪色彩的认知和活动倾向，是个人对其环境中的人、事、物所产生的喜爱程度，是个人力求认识、掌握某事物，并经常参与该种活动的心理倾向。当个人对某事物有兴趣时，会对它产生特别的注意力，对该事物感知敏锐、记忆牢固、思维活跃、情感浓厚、意志坚强。兴趣是人们活动的重要动力之一，是活动成功的重要条件。

职业兴趣是指人们对某种职业活动具有的比较稳定而持久的心理倾向。它是一个人探究某种职业或从事某种职业活动所表现出来的特殊个性倾向，它使个人对某种职业给予优先的注意，并具有向往的情感。由于兴趣爱好不同，人的职业兴趣也有很大的差异。有的人喜欢具体工作，如室内装饰、园林、美容、机械维修等；有的人喜欢抽象和创造性的工作，如经济分析、新产品开发、社会调查和科学研究等。职业兴趣对职业选择和职业发展都有一定的影响。

3.3.2 兴趣对职业的影响

兴趣是如何影响职业生涯规划的？每个人的兴趣爱好都会或多或少地影响到他对职业的选择。兴趣对职业生涯规划的影响主要表现在以下三个方面。

一、兴趣是职业生涯选择的重要依据

都说兴趣是最好的老师，兴趣可以使人集中精力去获得你所喜欢的职业知识，启迪智慧并创造性地开展工作。当一个人对某种职业发生兴趣时，他就能发挥整个身心的积极性。正像你在日常生活中喜欢从事自己感兴趣的活动一样，具有一定兴趣类型的你更倾向于寻找与此有关的职业，特别是在外界环境限制较小时，你更倾向于选择自己感兴趣的职业。

二、兴趣是保证职业稳定、职场成功的重要因素

兴趣是工作动力的主要源泉之一，对于一个人来说，对工作感兴趣，就愿意钻研，就会出成绩。兴趣是职业生涯适应的一个基本方面，可以为职业生涯选择提供有效的信息。兴趣主要用于预测你的工作满意感和工作稳定性，工作满意是职业生涯适应的一大标志。在其他条件相似的情况下，从事自己感兴趣的职业不但让你感到满意，而且能够让你的工作单位感到满意，并由此导致工作的长期性和稳定性。

三、兴趣可以提高你的工作效率，充分发挥你的才能

当一个人对某一方面的工作有兴趣时，枯燥的工作会变得丰富多彩、趣味无穷。兴趣使工作不再是一种负担，而是一种享受。因为兴趣可以调动人的全部精力，以敏锐的观察力、高度的注意力、深刻的思维和丰富的想象力投入工作，促进你能力的发挥，兴趣和能力的合理结合会大大提高工作效率。曾有人进行过研究：如果你从事自己感兴趣的职业，则能发挥你的全部才能的80%~90%，而且长时间保持高效率而不感到疲劳；而对所从事的工作没有兴趣，只能发挥你全部才能的20%~30%。

在职业生涯中，首先要做到的就是自我认知，只有正确地认识自己，了解自己的兴

趣爱好，确定自己感兴趣的职业，将能力和兴趣结合起来考虑，才更有可能规划好职业生涯并取得职业生涯的成功。

3.3.3 职业兴趣理论

目前，人们对职业兴趣的分类大多参照霍兰德的职业兴趣理论。霍兰德（John Holland）是美国约翰·霍普金斯大学心理学教授、美国著名的职业指导专家，他于1959年提出了具有广泛社会影响的职业兴趣理论。认为人的人格类型、兴趣与职业密切相关，兴趣是人们活动的巨大动力，凡是具有职业兴趣的职业，都可以提高人们的积极性，促使人们积极地、愉快地从事该职业，且职业兴趣与人格之间存在很高的相关性。霍兰德认为职业兴趣可分为现实型、研究型、艺术型、社会型、企业型和常规型六种类型。

霍兰德的职业兴趣理论主要从兴趣的角度出发来探索职业指导的问题。他明确提出了职业兴趣的人格观，使人们对职业兴趣的认识有了质的变化。霍兰德的职业兴趣理论提出，兴趣是描述人格的另一种方法，是职业选择中一个更为普遍的概念。在霍兰德的理论中，人格被看作是兴趣、价值、需求、技巧、信仰、态度和学习个性的综合体。就职业选择而言，兴趣是个体和职业匹配的过程中最重要的因素，霍兰德的职业兴趣理论是最具影响力的职业发展理论和职业分类体系。

请完成霍兰德职业兴趣测试，了解自己的职业兴趣，寻找适合自己的岗位。

霍兰德职业兴趣测试

正是桃花盛开的春天，如果您刚好有一个月的空闲时间，正在计划着前往远方的一处新开发的岛屿度过这段时光。岛屿群一共有六个各具特色、各具风情的岛屿，您可以选择其中任何一个。

您仔细浏览旅游手册上记载的这六个岛屿的特色：

A岛：美丽浪漫的岛屿，岛上有美术馆、音乐馆，弥漫着浓厚的艺术文化气息。同时，原住民还保留了传统的舞蹈、音乐与绘画，许多文艺界的朋友都喜欢来这里找寻灵感。

S岛：温暖友善的岛屿，岛上居民个性温和，十分友善、乐于助人，社区均自成一个密切互动的服务网络，人们多互助合作，重视教育，弦歌不辍，充满人文气息。

E岛：显赫富庶的岛屿，岛上的居民热情豪爽，善于企业经营和贸易。岛上的经济高度发达，处处是高级饭店、俱乐部、高尔夫球场。来往多是企业家、经理人、政治家、律师等，衣香鬓影，夜夜笙歌。

C岛：现代井然的岛屿，岛上建筑十分现代化，是进步的都市形态，以完善的户政管理、地政管理、金融管理见长。岛上居民个性冷静保守，处事有条不紊，善于组织规划。

R岛：自然原始的岛屿，岛上保留有热带的原始植物林，自然生态保护甚佳，也有相当规模的动物园、植物园、水族馆。岛上居民以手工见长，自己种植花果蔬菜、修缮房舍、打造器物、制作工具。

I岛：深思冥想的岛屿，岛上人迹较少，建筑物多僻处一隅，平畴绿野，适合夜观星象。岛上有多处天文馆、科博馆及科学图书馆。岛上居民喜好沉思，追求真知，喜欢和来自各地的哲学家、科学家、心理学家等交换心得。

如果只能选择一个岛屿，您会选择哪一个？

如果您的假期延长至3个月，有时间去3个岛屿，您会选择哪3个？优先顺序如何？

结果分析：六种类型的特征分析和典型职业参考

1. S——社会型

共同特征：喜欢与人交往，不断结交新的朋友，善言谈，愿意教导别人。关心社会问题，渴望发挥自己的社会作用。寻求广泛的人际关系，比较看重社会义务和社会道德。

典型职业：喜欢要求与人打交道的工作，能够不断结交新的朋友，从事提供信息、启迪、帮助、培训、开发或治疗等事务，并具备相应的能力。例如，教育工作者（教师、教育行政人员）、社会工作者（咨询人员、公关人员）。

2. E——企业型

共同特征：追求权力、权威和物质财富，具有领导才能。喜欢竞争，敢冒风险，有野心、抱负。为人务实，习惯以利益得失、权利、地位、金钱等来衡量做事的价值，做事有较强的目的性。

典型职业：喜欢要求具备经营、管理、劝服、监督和领导才能，以实现机构、政治、社会及经济目标的工作，并具备相应的能力。例如，项目经理、销售人员、营销管理人员、政府官员、企业领导、法官、律师。

3. C——常规型

共同特点：尊重权威和规章制度，喜欢按计划办事，细心、有条理，习惯接受他人的指挥和领导，自己不谋求领导职务。喜欢关注实际和细节情况，通常较为谨慎和保守,缺乏创造性,不喜欢冒险和竞争,富有自我牺牲精神。

典型职业:喜欢要求注意细节、精确度,有系统、有条理,具有记录、归档、按特定要求或程序组织数据和文字信息的职业,并具备相应的能力。例如,秘书、办公室人员、记事员、会计、行政助理、图书馆管理员、出纳员、打字员、投资分析员。

4. R——现实型

共同特点:愿意使用工具从事操作性工作,动手能力强,做事手脚灵活,动作协调。偏好于具体任务,不善言辞,做事保守,较为谦虚。缺乏社交能力,通常喜欢独立做事。

典型职业:喜欢使用工具、机器,需要基本操作技能的工作。对要求具备机械方面才能、体力或从事与物件、机器、工具、运动器材、植物、动物相关的职业有兴趣,并具备相应的能力。例如,技术性职业(计算机硬件人员、摄影师、制图员、机械装配工)、技能性职业(木匠、厨师、技工、修理工、农民、一般劳动者)。

5. I——研究型

共同特点:思想家而非实干家,抽象思维能力强,求知欲强,肯动脑,善思考,不愿动手。喜欢独立的和富有创造性的工作。知识渊博,有学识才能,不善于领导他人。考虑问题理性,做事喜欢精确,喜欢逻辑分析和推理,不断探讨未知的领域。

典型职业:喜欢智力的、抽象的、分析的、独立的定向任务,要求具备智力或分析才能,并将其用于观察、估测、衡量、形成理论、最终解决问题的工作,并具备相应的能力。例如,科学研究人员、教师、工程师、电脑编程人员、医生、系统分析员。

6. A——艺术型

共同特点:有创造力,乐于创造新颖、与众不同的成果,渴望表现自己的个性,实现自身的价值。做事理想化,追求完美,不切实际。具有一定的艺术才能和个性。善于表达、怀旧,心态较为复杂。

典型职业:喜欢的工作要求具备艺术修养、创造力、表达能力和直觉,并将其用于语言、行为、声音、颜色和形式的审美、思索和感受,具备相应的能力,不善于事务性工作。例如,艺术方面的人才(演员、导演、艺术设计师、雕刻家、建筑师、摄影家、广告制作人)、音乐方面的人才(歌唱家、作曲家、乐队指挥)、文学方面的人才(小说家、诗人、剧作家)。

3.4 职业能力

日常生活和职业活动的观察和研究证明，能力和人的职业活动与个人发展密不可分。人的职业能力各不相同，有的人善于言语交谈，有的人善于操作，有的人善于理论分析，有的人善于事务性工作。每个人都有自己独特的能力结构。而同时，社会上的职业也是多种多样的，各种职业对从业者的能力要求也不同，有的需要言语能力，有的需要计算能力，有的需要动手能力。大多数职业活动都要求特定的能力组合，具备这种能力组合，就能很好地胜任这种职业工作。因此，个人在选择职业发展及与之相关的专业学习方向时，应重点考虑能发挥自己得分最靠前、最擅长的几种能力倾向的领域。

一个人与职业相关的能力主要有九种，包括：言语能力、数理能力、空间判断能力、察觉细节能力、书写能力、运动协调能力、动手能力、社会交往能力和组织管理能力（图3-4）。

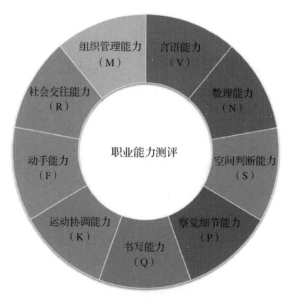

图 3-4 职业能力与职业

一、言语能力

言语能力指对词句、句子、段落、篇章的理解能力，以及善于清楚而正确地表达自己的观念和向别人介绍信息的能力。最适宜从事的职业有：外销员、商务师、导游、演员、导演、编辑、播音员、节目主持人、教师、律师、审判员等。

二、数理能力

数理能力指能迅速而准确地运算，并具有在快速准确地计算的同时，进行推理、解决应用问题的能力。最适宜从事的职业有：会计、银行职员、保险公司职员、税务员、审计员、统计员、自然科学家、计算机工程师等。

三、空间判断能力

空间判断能力指对立体图形及平面图形与立体图形之间关系的理解能力，包括能看懂几何图形、对立体图形的三个面的理解力，识别物体在空间运动中的联系，解决几何问题。最适宜从事的职业有：技术员、工程师、服装设计师、艺术家、家具设计师、建筑师、摄影师、家电维修专家、自然科学家、军官、司机等。

四、察觉细节能力

察觉细节能力指对物体或图形的有关细节具有正确的知觉能力，对于图形的明暗、线的宽度和长度能做出区别和比较，可以看出其细微的差别。最适宜从事的职业有：技术员、工程师、电工、房管员、咨询师、运动员、教练员、导演、图书馆员、会计、银行职员、保险公司职员、审计员、统计员、编辑、播音员、自然科学家、计算机工程师等。

五、书写能力

书写能力指对词句、印刷品、账目、表格等细微部分正确知觉的能力，善于发现错字和正确地校对数字的能力。最适宜从事的职业有：教师、公务员、社会科学家、秘书、打字员、编辑、银行职员、咨询师、经理、记者、作家等。

六、运动协调能力

运动协调能力指眼、手、脚、身体能够迅速准确和协调地做出准确的动作和运动反应，手能跟随眼所看到的东西迅速行动，具有正确控制的能力。最适宜从事的职业有：运动员、教练员、演员、工人、农民、服装设计师、家具设计师、美容师、电工、司机、服务员、导游、医生、护士、药剂师、导演、警察、战士等。

七、动手能力

动手能力指手、手指、手腕能迅速而准确地活动和操作小的物体，在拿取、放置、调换、翻转物体时手能做出精巧运动和腕能自由运动的能力。最适宜从事的职业有：医生、护士、药剂师、运动员、教练员、自然科学家、工人、农民、技术员、工程师、服装设计师、家具设计师、艺术家、美容师、售货员、服务员、保育员、摄影师、演员、导演、战士等。

八、社会交往能力

社会交往能力指善于进行人与人之间的相互交往、相互联系、相互帮助、相互作用和影响，具有协同工作或建立良好的人际关系的能力。最适宜从事的职业有：采购员、推销员、公共关系人员、外销员、商务师、编辑、调度员、经理、服务员、房管员、导游、咨询师、银行信贷员、税务员、审计员、保险公司职员、演员、导演、教师、社会科学家、公务员、秘书、警察、律师等。

九、组织管理能力

组织管理能力指擅长于组织和安排各种活动，具有协调人际关系的能力。最适宜从事的职业有：调度员、导游、教练员、导演、教师、经理、公务员、商务师、保育员、咨询师、税务员、秘书、律师、警察等。

请完成职业能力测试表3-5，并找出你最强的两项职业能力和最弱的两项职业能力。

表3-5　职业能力自测

请您根据自己的实际情况，回答下列每一个问题。第一个括号填"强"，第二个括号填"弱"
第一组
1. 善于表达自己的观点。（　）（　）
2. 阅读速度快，并能抓住中心内容。（　）（　）
3. 清楚地向别人解释难懂的概念。（　）（　）
4. 掌握对文章的字、词、段落的理解、分析和综合的能力。（　）（　）
5. 掌握词汇量的程度。（　）（　）
6. 读书期间的语文成绩。（　）（　）
总计次数（　）（　）
第二组
1. 目测能力（如测量长、宽、高等）。（　）（　）
2. 解应用题的速度。（　）（　）
3. 笔算能力。（　）（　）
4. 心算能力。（　）（　）
5. 使用工具（如计算器、算盘等）的计算能力。（　）（　）
6. 读书期间的数学成绩。（　）（　）
总计次数（　）（　）

续表

第三组
1. 作图能力。（ ）（ ）
2. 画三维的立体图形。（ ）（ ）
3. 看几何图形的立体感。（ ）（ ）
4. 想象盒子展开后的平面形状。（ ）（ ）
5. 想象立体物体的能力。（ ）（ ）
6. 玩拼板游戏。（ ）（ ）
总计次数（ ）（ ）

第四组
1. 发现相似图形中的细微差异。（ ）（ ）
2. 识别物体的形状差异。（ ）（ ）
3. 注意到多数人所忽视的物体的细节部分。（ ）（ ）
4. 检查物体的细节。（ ）（ ）
5. 观察图案是否正确。（ ）（ ）
6. 善于改正计算中的错误。（ ）（ ）
总计次数（ ）（ ）

第五组
1. 快速而正确地抄写资料（诸如姓名、日期、电话号码等）。（ ）（ ）
2. 发现错别字。（ ）（ ）
3. 发现计算错误。（ ）（ ）
4. 发现图表中的细小错误。（ ）（ ）
5. 在图书馆很快地查找编码卡片。（ ）（ ）
6. 持久工作的能力（如较长时间地进行抄写资料）。（ ）（ ）
总计次数（ ）（ ）

第六组
1. 操作机器的能力。（ ）（ ）
2. 玩电子游戏或瞄准打靶的水平。（ ）（ ）
3. 运动中身体的协调性和灵活性。（ ）（ ）
4. 打球（如篮球、排球、乒乓球、羽毛球等）的姿势与水平。（ ）（ ）
5. 手指的协调性（如打字、珠算等）。（ ）（ ）
6. 身体平衡的能力（如走平衡木等）。（ ）（ ）
总计次数（ ）（ ）

第七组
1. 灵巧地使用手工工具（如榔头、锤子等）。（ ）（ ）
2. 灵巧地使用很小的工具（如镊子、缝衣针等）。（ ）（ ）
3. 弹乐器时手指的灵活度。（ ）（ ）
4. 动手做一件小手工艺品。（ ）（ ）
5. 很快地削水果（如苹果、梨子）。（ ）（ ）
6. 从事修理、装配、拆卸、编织、缝补等工作。（ ）（ ）
总计次数（ ）（ ）

第八组
1. 善于在陌生的场合发表自己的意见。（ ）（ ）
2. 去新场所并结交新朋友。（ ）（ ）
3. 口头表达能力。（ ）（ ）
4. 善于与人友好交往并协同工作。（ ）（ ）
5. 善于帮助别人。（ ）（ ）
6. 擅长做别人的思想工作。（ ）（ ）
总计次数（ ）（ ）

续表

第九组
1. 善于组织集体活动。（ ）（ ）
2. 在集体活动或学习中，经常关心他人的情况。（ ）（ ）
3. 在日常生活中能经常动脑筋，出点子。（ ）（ ）
4. 冷静、果断地处理突然发生的事情。（ ）（ ）
5. 在工作中认可自己的工作能力。（ ）（ ）
6. 善于解决朋友与同事之间的矛盾。（ ）（ ）
总计次数（ ）（ ）

统计：现在请根据每组回答的"强""弱"的总次数，填入下表：

组	相应的职业能力	强（次数）	弱（次数）
第一组	言语能力	（ ）	（ ）
第二组	数理能力	（ ）	（ ）
第三组	空间判断能力	（ ）	（ ）
第四组	察觉细节能力	（ ）	（ ）
第五组	书写能力	（ ）	（ ）
第六组	运动协调能力	（ ）	（ ）
第七组	动手能力	（ ）	（ ）
第八组	社会交往能力	（ ）	（ ）
第九组	组织管理能力	（ ）	（ ）

职业能力自测结果

在"强（次数）"栏中找出两个数字最大的组，这两个组所表示的能力就是您在职业能力上最强的两个方面，看看您适宜从事的职业有哪些；反之，您也可在"弱（次数）"栏中找出两个数字最大的组，这两组所反映的职业能力对您来说最弱，您不应该从事要求这两方面职业能力强的职业。

【思考题】

1. 自我认知都有哪些方法？
2. 霍兰德把人的职业兴趣分为几类，每一类主要擅长的工作是什么？

第四讲　价值观与职业

每个人都拥有独一无二的价值观，价值观影响我们生活的很多方面，当我们考虑自己的职业发展，进行职业选择时，首先应该明确自己的职业价值观。大学生应当如何了解自己的价值观，如何看待价值观与职业规划和职业发展的关系呢？本讲将从这些角度出发，帮助大学生探索价值观与职业。

4.1　价值观

什么是价值观？简单来说，可以理解为个体在自己感官基础上产生的主观看法与判断。有些人在选择职业时往往忽略价值观的影响。例如，有的人经常换工作，有的人却能在他人不喜欢的岗位上一做就是多年，这其实是价值观在起作用。价值观是一种强大的内在驱动力，可以指引着大学生的职业生涯和整个人生的行动方向。下面将对价值观与职业价值观的相关内容进行介绍。

4.1.1　价值观的特点

价值观取决于世界观，作为一种意识形态的产物，价值观具有以下特点。

一、多样性

价值观的形成受到很多因素的影响，有研究表明，有约 40% 的价值观是遗传而来的，其余是受个人所处的环境影响而在后天形成的。每个人价值观的形成受到不同因素的影响，主要包括文化、父母、老师、朋友和社会环境等。这就意味着个体在早期可能会照搬他人的价值观，但随着其自我意识的形成，他们会有意识地选择符合自己的评价标准的独特价值观，这体现了价值观的多样性。

二、相对稳定性

价值观一旦形成，总体上是相对持久且稳定的，并会在个体的行为中表现出来，推动个体做出与其价值观相符的行为，甚至突出表现为一定的行为模式。例如，个体确定与价值观一致的职业理想、愿望、信念、目的，并为之付出努力。

三、主观性

价值观主观性的直接体现就是对同一事物的看法因人而异。价值观的差异使得个体在区别好与坏的标准时往往不一致，根据个体内心的尺度进行衡量评价的，也都称为价值观。例如，"我觉得这份工作非常好，离家近，福利也还不错，唯一不足的就是工资有点低。""我希望我的工作能有挑战性，有发展前途，最好还是我所热爱的，这样可以让我的生活非常快乐，也会更有成就感。但也要能劳逸结合，让我有足够的可支配时间。"这些都是个体价值观的显现。

四、可以改变

价值观虽然相对稳定，但并不是一成不变的。许多时候，在不同的时代和社会环境中，个体往往会形成不同的价值观。

社会历史性体现在个体价值观的变迁，即在人生的不同阶段，个体的价值取向会随着社会经历的增加而发生改变。例如，年轻时候认同的价值观，到了年老之后却不在意了。

大学生小李的转变

某师范专业大学生小李最初选择专业的时候是想要从事有一定社会地位的岗位，为此他决定当一名人民教师。他开始时的设想是毕业后去考取他的家乡——一座一线城市的教师编制，但他的观点在一次去偏远山区的支教活动时发生了转变。小李支教的山区并不像他想象中的贫困，教学设备也出乎意料地齐全，有多媒体、电脑室、书法室，当地师资缺乏，他所在的学校加上校长一共只有7名老师，一位教师经常需要教不同年级的课程，年轻教师也不多；另外，当地地势较高，道路交通不便，学校生活设备不全，虽然政府已经在着力改善，但还需要一定的时间，生活条件比较艰苦。

在支教过程中，小李发现学生们大多都是留守儿童，跟着爷爷奶奶一起生活。虽然受限于地理环境，孩子们上学都要走崎岖的山路，甚至与月为伴、与星为伍，但大家上学的兴致都非常高，经常围着小李，好奇地问他来自哪里，大城市的生活又是怎样，等等。对小李安排的关于黑板画、手工、美术、摄影、音乐、武术健身操等课程内容和活动都很感兴趣。随着对这些孩子们认识和感情的加深，看着孩子们稚嫩的笑脸、清澈的眼神，以及临走时孩子们信件中希望以他为榜样，走出大山的期盼，小李突然感悟到教师的责任与使命。后来两年，小李陆陆续续又参加了两次支教活动，他意识到自己之前的想法太局限，三尺讲台不一定要在钢筋水泥的高楼大厦里，也可以在山区中。他希望能凭借自己的微薄之力，为孩子们的梦想插上翅膀，帮助他们走出大山。于是在毕业后，他没有选择回到大城市，而是去了山区。虽然，他还是一名教师，但是他发现自己不一样了，因为他懂得了自己身上的责任及职业使命。

4.1.2 价值观的分类

对于价值观的分类，主要有以下三种分类方式。

一、罗克奇的 13 种价值观

美国心理学家米尔顿·罗克奇（M. Rokeach）于 1973 年在《人类价值观的本质》（*The Nature of Human Values*）一书中，提出 13 种价值观，如表 4-1 所示。

表 4-1　罗克奇的 13 种价值观

价值类型	特点
成就感	提升社会地位，得到社会认同；希望工作能得到他人的认可，对工作的完成和挑战成功感到满足
美感的追求	能有机会多方面地欣赏周围的人、事、物，或自己觉得重要且有意义的事物
挑战	能有机会运用聪明才智来解决困难；舍弃传统的方法，而选择创新的方法处理事物
健康	包括身体和心理健康；工作能够免于焦虑、紧张和恐惧；希望能够心平气和地处理事物
收入与财富	工作能够明显、有效地改变自己的财务状况；希望能够得到金钱所能买到的东西
独立性	在工作中能有弹性，可以充分掌握自己的时间和行动，自由度高
爱、家庭、人际关系	关爱他人，乐于与别人分享，协助别人解决问题；体贴关爱，对周围的人慷慨
道德感	与组织的目标、价值观、宗教观和工作使命能够不相冲突，紧密结合
欢乐	享受生命，结交新朋友，与别人共处，一同享受美好时光
权力	能够影响或控制他人，使他人照着自己的意思去行动

续表

价值类型	特点
安全感	能够满足基本的需求，有安全感，远离突如其来的变动
自我成长	能够追求知性上的刺激，寻求更圆融的人生，在智慧、知识与人生的体会上有所提升
协助他人	认识到自己的付出对团体是有帮助的，别人因为自己的行为而受惠颇多

罗克奇的分类突破了以往价值观分类的框架，他认为价值观可以分为终极型价值和工具型价值观两种，前者指个体希望通过一生实现的目标，偏重对人生意义和生活目标的信念，如成为什么样的人，过什么样的生活；后者则偏重实现终极价值观的手段，对行为方法的信念等，如具有什么特质，如何实现生活目标，等等。这两类价值观每一类由18种价值信念组成，如表4-2所示。

表4-2 终极型价值观与工具型价值观

终极型价值观	工具型价值观
舒适的生活（富足的生活）	雄心勃勃（辛勤工作、奋发向上）
振奋的生活（刺激的、积极的生活）	心胸开阔（思想开放）
成就感（持续的贡献）	能干（有能力、有效率）
和平的世界（没有冲突和战争）	欢乐（轻松愉快）
美丽的世界（艺术美、自然美）	干净（整洁）
平等（兄弟般情谊、所有人机会均等）	勇敢（坚持自己的信仰）
家庭安全（照顾自己所爱的人）	宽容（愿意谅解他人）
自由（独立、自主地选择）	助人为乐（为他人的利益工作）
幸福（满足感）	正直（真挚、诚实）
内在和谐（没有内心的冲突）	富于想象（大胆、有创造性）
成熟的爱（生理和心理上的亲密无间）	独立（自力更生、自给自足）
国家安全（免遭攻击）	智慧（有知识、善思考）
快乐（快乐休闲的生活）	符合逻辑（理性的）
拯救灵魂（被拯救、永恒的生活）	博爱（温情、温柔的）
自尊（自重）	顺从（有责任感、值得尊重）
社会认可（尊重、赞赏）	礼貌（有风度）
真挚的友谊（亲密关系）	负责（可靠的）
睿智（对生活有成熟的理解）	自我控制（自律）

总的来看，终极型价值观与工具型价值观二者相辅相成，社会宣扬的价值观，如诚实守信、勤劳踏实、宽容善良等，都是工具型价值观，在实际生活中，人们也需要通过

借助工具型价值观去达到终极型价值观。例如,有些人在工作中非常有才能,雄心壮志,追求金钱、名利,但实际上忽略了最终的需求。所以大学生在规划职业生涯时,一定要知道自己真正追求的是什么,你要的是隐藏在工具背后的价值,不要让自己的心灵被外物所蒙蔽。

二、斯普朗格的 6 种价值取向

心理学家斯普朗格(E. Spranger)在《人的类型》一书中提出了 6 种类型的价值取向,他将人的社会生活分为 6 个方面,并根据不同人价值观侧重点的不同,相应地将价值观分为 6 种类型,分别为经济型、政治型、理论型、审美型、社会型和宗教型,如表 4-3 所示。

表 4-3 斯普朗格的 6 种价值取向

价值类型	特点
经济型	强调有效和实用,追求财富,重务实
政治型	追求权力、影响和声望,喜欢支配和控制他人,依从权威,爱表现自己
理论型	重视用批判和理性的方法去寻求真理,求知欲强,富于幻想
审美型	重视外形的匀称与和谐,以美的原则评价事物
社会型	以爱护他人、关心他人为高尚职责,热心社会活动,尊重他人价值,注重人文关怀
宗教型	关心对宇宙整体的理解和体验的融合,相信神话和命运,寻求把自己与宇宙联系起来

三、弗洛伊德的追求型价值观及逃避型价值观

弗洛伊德认为,在人的潜意识中,有追求快乐和逃离痛苦的本能情况。因此,价值观可以分为追求型价值观和逃避型价值观。

追求型价值观指人的一生想要追求的感觉,如爱、成功、有趣、幸福、舒适、健康、挑战、创造性、安全感、自由、关怀、快乐、尊重等。

逃避型价值观则指个体不愿意触碰或者不愿意拥有的感觉,如绝望、无能、恐惧、束缚、孤独、沮丧、压力、忧虑、愤怒、被拒绝、可怜、自私、嫉妒等。

4.1.3 马斯洛的需求层次理论

美国人本主义心理学家马斯洛(A. H. Maslow)认为,需求是动机的基础,是推动人行为活动的原动力,人类需求呈现由低层次向高层次发展进化的层次规律。他将人的需求像阶梯一样从低到高进行排列,将人的需求划分为 5 个层次,从低到高分别是生理需求、安全需求、社交需求、尊重需求和自我实现需求,如图 4-1 所示。

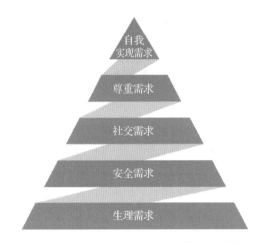

自我实现需求
例如，对充分发挥潜能、实现理想，成就事业等的需求。

尊重需求
例如，对名声、地位、荣誉、认可、自尊、被他人尊重、自信等的需求。

社交需求
例如，对友情、爱情、亲情等关系中情感和归属感的需求。

安全需求
例如，对人身安全、健康保障、财产所有性、家庭安全、工作职位保障等的需求。

生理需求
例如，对食物、睡眠、呼吸、生理平衡、性的需求。

图 4-1 马斯洛需求层次理论

不同层次的需求在人们的工作、生活中反映出来，体现为不同层次的价值观（表 4-4）。需求具有强大的驱动力，并由此引导个体的行为。

表 4-4 不同层次需求与价值观对应表

需求层次	价值观	
自我实现需求	发展与成长、兴趣、创造、社会意义	精神性价值观
尊重需求	事业与成就、社会地位、声望、自主性	
社交需求	人际关系、团队与合作、友情与关爱	
安全需求	工作稳定、工作环境、社会保险	物质性价值观
生理需求	经济保障、工资待遇、福利条件	

自我实现需求对价值观的影响

小叶在大学毕业后辗转了几家公司工作，目前在一家软件公司做技术支持。小叶踏实肯干，得到领导的赏识，把他提拔到了技术部门的管理岗位。他却热衷于考公务员，虽然考了多次都没考上，但他仍坚持不懈地学习，只要看到"公务员招考"考试的信息便会报考。他的朋友、同学都很不理解，觉得他工作得好好的，收入也不低，公务员薪资还达不到这个水平，并且他也已经升职了，以后还有更大的发展空间。大家都劝他别浪费时间，应该把心思放在现在的工作上，争取继续升职。

4.1.4 价值观的作用

价值观是一种内心尺度，它凌驾于整个人性当中，支配着人的行为、态度、观察、信念、理解等，支配着人认识世界、明白事物对自己的意义及自我了解、自我定向、自我设计等；也为人自认为正当的行为提供充足的理由。因此，价值观对人们自身行为的定向和调节起着非常重要的作用。价值观决定人的自我认识，它直接影响和决定一个人的理想、信念、生活目标和追求方向的性质。价值观对个人的作用大致体现在以下三个方面。

一、价值观对动机有导向的作用

人们行为的动机受价值观的支配和制约，价值观对动机模式有重要影响。在同样的客观条件下，具有不同价值观的人，其动机模式不同，产生的行为也不相同。动机的目的、方向受价值观的支配，只有那些经过价值判断被认为是可取的，才能转换为行为的动机，并以此为目标引导人们的行为。不同的价值观会产生不同的行为模式，进而产生不同的社会文化。

二、价值观反映人们的认知和需求状况

价值观是人们对客观世界及行为结果的评价和看法，因而，它从某个方面反映了人们的人生观和价值观，反映了人的主观认知世界。价值观是一种基本信念，人们以价值观作为评价标准来判断人们行为的利害、美丑、善恶，它决定了人们对事物的取舍，会影响人们的态度。因此，它带有判断的色彩，代表了一个人对于外部其他因素好坏的评价标准。

三、价值观是职业成功的核心

管理专家史蒂芬·柯维（Stephen Richards Covey）在其著作《高效能人士的7个习惯》中提出了一个"观—为—得"模型，指出价值观等思维决定行为，行为决定结果。要想得到小的改变，只需从行为入手；而要想看到质的变化，则需从思维入手。这些都可以看出价值观对行为的调节与定向作用，以及对结果或成功的影响。

有一项对世界上最优秀的数学家、网球运动员及钢琴家等人员的调查结果，发现决定未来成就的，不是天才，而是动机和奋斗目标，这都属于价值观的范畴。因此，大学生要重视价值观在职业发展中的积极作用，努力通过正确的价值观引导自己产生积极、对自己发展有利的行为。

4.2 职业价值观

4.2.1 职业价值观简介

职业价值观是指人生目标和人生态度在职业选择方面的具体表现，也就是一个人对职业的认识和态度，以及对职业目标的追求和向往。俗话说："人各有志。""志"表现在职业选择上就是职业价值观。例如，在考虑对职业的认识、职业目标的追求与向往、兴趣、收入和工作环境等问题时，对这些职业因素的判断和取舍，就是职业价值观的具体表现。

就个人角度而言，职业价值观是影响个人职业选择的重要因素之一。众多科学研究和经验都表明，个体总是倾向于选择那些满足其价值观追求的工作。一份职业越能满足个人的价值需求，个人对职业的满意度就会越高，职业稳定性也越高。就职业角度而言，不同的职业可以满足不同的价值需求。

4.2.2 职业价值观分类

受社会价值观、民族文化传统、受教育程度、社会环境、个人追求等诸多因素的影响，不同的人有着不同的职业价值观。心理学家马丁·凯茨（M. Katz）通过对250多种职业进行研究，找出了10种与工作有关的职业价值观。这10种职业价值观包括：

1. **高收入**

它指这个职业的平均收入比其他职业高，除足够生活的费用外，还有可以随意支配的现金。

2. **社会声望**

它指使自己的工作能得到人们的尊重，有较高的社会地位。

3. **独立性**

它指可以在职业中有更多自己做决策的自由，能充分发挥自己的能力和特长。

4. **帮助别人**

愿意把助人作为职业的重要部分，帮助他人改善健康、争取应得的权利等。

5. **稳定性**

在一定时间内始终有工作，不会被轻易解雇，收入稳定。

6. **多样性**

所从事的职业要参与不同的活动，解决不同的问题，不断变换工作场所，结识新人。

7. 领导力
在工作中可以控制事情的发展，愿意影响别人，承担责任。

8. 在自己感兴趣的领域中工作
坚持所从事的职业是自己感兴趣的领域。

9. 休闲
把休闲看得很重，业余时间内得到的满足应该对你很重要，不愿意让工作影响自己的休闲。

10. 尽早进入工作领域
涉及一个人是否在意进入工作领域的早晚，是否希望节约时间和不支付高等教育的费用而尽早进入工作领域。

当然，每个人的条件和需求不同，表现出的职业价值观也是多样性的。以上类型都十分具有代表性，为大学生分析自己的职业价值观指明了方向，对职业生涯规划有积极的意义。

4.2.3 认清自己的职业价值观——WVI职业价值观测试

怎样才能认清你的职业价值观呢？你对什么活动或社会环境越积极、越充满热情，就说明你越看重它。现在有没有什么事情让你感到兴奋或者不悦？有没有什么活动让你充满了力量？生活中有没有什么情境让你不得不去做一件特定的事情？所有的这一切都体现了你的价值观。

美国心理学家舒伯（Dorald Super）于1959年制定了《工作价值观量表》（*Work Values Inventory*，WVI），用以衡量工作中和工作外的价值观及激励人们工作的目标。在大量的试验和调查基础上，舒伯总结出人们的工作价值观大体分为13种：

具体而言，每一种价值观都有对应的需求，同样也有对应的职业领域。

1. 利他主义
这表明你把社会利益放在第一位，为了社会利益而愿意牺牲个人利益。你适合从事教师、心理咨询师、社会工作者、医生、护士等工作，这些工作有很多机会可以帮助到他人。从行业方面看，你可以进入教育、医疗、公益等行业，这些行业都是为他人或社会服务的，不论你在其中做什么职位，都可以直接或间接地帮助到他人。持有利他主义价值观的人最容易遇到的问题是帮助他人与金钱报酬之间的冲突。通常的解决方法是在职业早期先进入报酬可以满足自己生活开销的工作中，利用业余时间帮助他人，当时机成熟时再全职做一些公益的事情。

2. 审美
这表明在工作中你需要不断地追求美的东西，得到美感的享受。你适合从事与艺术和创作有关的工作，如产品设计、广告设计、UI 设计、市场策划、电影电视编导等职位。行业方面，你可以进入与艺术和设计有关的行业，如广告、电影等；也可以进入其他行业中的市场或设计部门。然而，追求美感并不意味着你必须具有深厚的艺术功底，也不意味着你一定要直接从事艺术方面的工作。在日常工作中，如排版一份文档，或者修改一个产品的细节，你都可以发挥自己的主动性，将美感融入每天的工作中。

3. 智力刺激

这表明在工作中你需要不断动脑思考，学习及探索新事物，解决新问题。你适合从事设计、开发、产品经理、咨询顾问、研究等工作，这些工作经常会面临新的问题，需要经常学习和思考才可以解决，可以满足你对智力刺激的需要。从行业类型上来看，你适合进入曙光或朝阳行业，如互联网、金融、教育培训、医疗、文化传媒、新能源等，这些行业由于兴起不久，有许多以前没遇到过的问题需要解决，可以满足你对动脑思考、学习和探索新事物的需要。

4. 成就感

这表明你工作的目的和价值，在于不断取得成就，不断得到领导与同事的赞扬，或不断实现自己的梦想。你适合从事可以明确衡量业绩的工作，如市场、销售、生产、研发等。从组织类型上看，民企或创业公司会有更多的机会令你获得成就感，事业单位则不容易获得成就感。绝大多数人都希望在工作中获得成就感，如果你的工作成就不易显现，不容易得到领导和同事的赞扬，你可以主动创造一些条件来获得成就感，如记录每天工作中最有成就的事情，每周或每月总结自己的成就等。将工作中的一点一滴记录下来，积累到一定程度以后，自然会感到极大的成就感。

5. 独立性

这表明在工作中你很看重能充分发挥自己的独立性和主动性，按自己的方式、步调或想法去做事，不受他人的干扰。你比较适合的职业类型有培训师、销售、设计、技术等可以独立工作，发挥自己专长的职业，通常可以向专家型角色发展。你比较适合组织结构较扁平的公司，如互联网公司、小型创业公司等。上下级分明的组织，如大型国企、事业单位等并不适合你，因为在其中你需要更多照顾到领导的想法，而不能完全按照自己的方式做事。

6. 社会地位

这表明你期望从事的工作有较高的社会声望，能得到他人的重视与尊敬。你比较适合从事社会主流认可的工作。依据现状，你比较适合的职业类型有公务员、大学教师、医生、大型企业员工等。你适合的组织类型主要有政府机关、事业单位及规模较大的公司等。你适合的行业类型主要有金融、文化教育、IT/互联网等。值得注意的是，社会观念会随时间的推移而变化，每个年代人们所看重的东西都不同，坚定自己的信念，找到自己认可的价值观才是最重要的。

7. 管理

这表明在工作中你希望可以获得对他人或某事物的管理支配权，能指挥和调遣一定范围内的人或事物。你比较适合从事与管理有关的工作，如企业或政府中的各类管理职位、管理咨询顾问、律师、政治或经济学者等。在组织类型或行业方面，对你来说并没有什么特殊的限制。除了在组织内部成为管理者外，你也可以考虑自己创业，这样可以实现你对管理的需求。

8. 经济报酬

这表明在工作中你非常重视报酬，期望工作能使自己生活过得较为富足。你比较适合从事回报较高的工作，如销售、讲师和互联网技术人员等，这些职业可以在较短时间内获得较高的回报。从行业类型上看，你适合进入正在快速上升的行业，互联网、金融、教育培训、医疗等行业是可以重点考虑的。经济报酬是伴随着工作能力的增强而提高的，在现有岗位和行业上坚持提升自己的能力比频繁地更换工作会获得更高的经济报酬。此外，你还可以了解如何计算职业的隐形报酬。

9. 社会交际

这表明在工作中你期望能和各种人交往，建立比较广泛的社会关系。你适合从事较多与人接触的工作，如销售、公关人员、人力资源、记者、导游、培训师、咨询师、社工等。你需要可以与人接触的工作，行业并不是最关键的因素。公关、媒体、广告、会展等行业会有更多的机会与不同的人接触，你可以重点关注这些行业。

10. 安全感

这表明在工作中你希望局面安稳，不会因为经常调动工作等提心吊胆、心烦意乱。你适合进入政府、事业单位或者大型国企等组织，这些类型的组织工作环境较稳定，能满足你对安全感的需求。你不适合进入小型民企或创业公司，因为这些公司所处的市场环境变化较快，公司员工流动性较大，会让你感到不安全。

11. 工作环境

这表明你希望工作环境舒适、轻松、自由、优越。你适合从事行政管理类的工作。这类工作流程明确，作息规律，能满足你对舒适的要求；与业务直接有关的工作并不适合你，因为业务部门的工作压力往往要大于支持部门的工作压力。从组织类型上看，你适合进入大型外企、国企、政府、事业单位等，这些组织的工作环境较好，餐饮和办公条件较好，作息也比较规律，能满足你对舒适的需要。一些大型互联网公司的工作环境也非常舒适，一定程度上能满足你对舒适的需要。但是由于互联网公司工作压力较大，时常加班，所以是否进入需要你仔细权衡。

12. 人际关系

这表明你希望在一起工作的同事和领导人品较好，相处感到愉快、自然。你应该重点考虑一些成员平均年龄与你的年龄相近的公司,在这样的组织中,同事跟你年龄相仿,更容易相处。你不适合一般的国企和事业单位,因为这些组织中人际关系相对复杂,并不是你喜欢的。从行业方面看,从事教育、公益等行业的人相对容易相处,但也并非绝对。值得注意的是,人际关系是绝大多数人都会看重的职业价值观,并且人际关系与职位和行业的关系较小,因此,在选择职业时仅适合作为参考因素。处理人际关系是一项技能,需要在工作中不断练习,当你具备处理人际关系的能力时,在哪儿工作都不是问题。

13. 多样性

这表明你希望工作的内容不单调枯燥,工作和生活均丰富多彩。你适合从事有创造性的不重复枯燥的工作,如市场策划、互联网产品、广告创意设计等。在行业方面你比较适合进入朝阳行业,如互联网、文化教育、金融、新媒体、新能源等,这些行业刚刚兴起不久,有很多不确定性,会让你觉得工作丰富而不单调;传统制造业和服务业的工作流程相对固定,不适合你。从组织类型上看,民企或创业公司更能满足你对新鲜感的追求,而大型国企、政府、事业单位的工作相对较为稳定,流程相对单一,并不适合你。值得注意的是,大多数职位在初级阶段都会经历重复枯燥的过程,当积累了一定经验之后,你将会负责更多新的任务,工作就会变得丰富多彩起来。

工作价值观量表(WVI)自测

下面,我们就采用舒伯的《工作价值观量表》(表4-5),进行自我的职业价值观测评。

说明:下面有52道题目,每个题目都有1~5五个数字作为答案。其中,5代表"非常重要",4代表"比较重要",3代表"一般",2代表"较不重要",1代表"很不重要"。请根据自己的实际情况或想法,在题目后面选项对应数字上画圈,每题只能选择一个答案。

表4-5　工作价值观量表

问题	选项
1. 你希望自己的工作必须经常解决新的问题。	5　4　3　2　1
2. 你希望自己的工作能为社会福利带来看得见的效果。	5　4　3　2　1
3. 你希望自己的工作奖金很高。	5　4　3　2　1
4. 你希望自己的工作内容经常变换。	5　4　3　2　1

续表

问题	选项
5. 你希望自己能在你的工作范围内自由发挥。	5 4 3 2 1
6. 你希望自己的工作能使你的同学、朋友非常羡慕你。	5 4 3 2 1
7. 你希望自己的工作带有艺术性。	5 4 3 2 1
8. 你希望自己的工作能使人感觉到你是团体中的一分子。	5 4 3 2 1
9. 你希望不论你怎么干，总能和大多数人一样晋级和涨工资。	5 4 3 2 1
10. 你希望你的工作使你有可能经常变换工作地点、场所或方式。	5 4 3 2 1
11. 你希望在工作中能接触到各种不同的人。	5 4 3 2 1
12. 你希望你的工作上下班时间比较随便、自由。	5 4 3 2 1
13. 你希望你的工作使你不断获得成功的感觉。	5 4 3 2 1
14. 你希望你的工作赋予你高于别人的权力。	5 4 3 2 1
15. 你希望在工作中能试行一些自己的新想法。	5 4 3 2 1
16. 你希望在工作中你不会因为身体或能力等因素被人瞧不起。	5 4 3 2 1
17. 你希望能从工作的成果中知道自己做得不错。	5 4 3 2 1
18. 你的工作经常要外出，参加各种集会和活动。	5 4 3 2 1
19. 你希望只要你干上一份工作，就不再会被调到其他意想不到的单位和工种上去。	5 4 3 2 1
20. 你希望你的工作能使世界更美丽。	5 4 3 2 1
21. 你希望在你的工作中不会有人常来打扰你。	5 4 3 2 1
22. 你希望只要努力，你的工资会高于其他同年龄的人，升级或涨工资的可能性比干其他工作大得多。	5 4 3 2 1
23. 你希望你的工作是一项对智力的挑战。	5 4 3 2 1
24. 你希望你的工作要求你把一些事务管理得井井有条。	5 4 3 2 1
25. 你希望你的工作单位有舒适的休息室、更衣室、浴室及其他设备。	5 4 3 2 1
26. 你希望你的工作有可能结识各行各业的知名人物。	5 4 3 2 1
27. 你希望在你的工作中能和同事建立良好的关系。	5 4 3 2 1
28. 你希望在别人眼中你的工作是很重要的。	5 4 3 2 1
29. 你希望在工作中你经常接触到新鲜的事物。	5 4 3 2 1
30. 你希望你的工作使你能常常帮助别人。	5 4 3 2 1
31. 你希望你在工作单位中有可能经常变换工作。	5 4 3 2 1
32. 你希望你的作风使你被别人尊重。	5 4 3 2 1
33. 你希望同事和领导人品较好，相处比较随便。	5 4 3 2 1
34. 你希望你的工作会有许多人认识你。	5 4 3 2 1

第四讲 价值观与职业

续表

问题	选项
35. 你希望你的工作场所很好，比如有适度的灯光、安静、清洁的工作环境，甚至恒温、恒湿等优越的条件。	5 4 3 2 1
36. 在工作中，你为他人服务，使他人感到很满意，你自己也很高兴。	5 4 3 2 1
37. 你希望你的工作需要计划和组织别人的工作。	5 4 3 2 1
38. 你希望你的工作需要敏锐的思考。	5 4 3 2 1
39. 你希望你的工作可以使你获得较多的额外收入，比如常发实物、常购买打折的商品、常发商品的提货券、有机会购买进口货物等。	5 4 3 2 1
40. 你希望在工作中你是不受别人差遣的。	5 4 3 2 1
41. 你觉得你的工作结果应该是一种艺术，而不是一般的产品。	5 4 3 2 1
42. 你希望在工作中不必担心会因为所做的事情领导不满意，而受到训斥或经济惩罚。	5 4 3 2 1
43. 你希望你在工作中能和领导有融洽的关系。	5 4 3 2 1
44. 你希望你可以看见自己努力工作的成果。	5 4 3 2 1
45. 你希望你的工作常常要你提出许多新的想法。	5 4 3 2 1
46. 你希望由于你的工作，经常有许多人来感谢你。	5 4 3 2 1
47. 你希望你的工作成果常常能得到上级、同事或社会的肯定。	5 4 3 2 1
48. 你希望在工作中，你可以做一个负责人。虽然可能只领导很少几个人，你信奉"宁做兵头，不做将尾"的俗语。	5 4 3 2 1
49. 你希望你从事的那种工作经常在报刊、电视中被提到，因而在人们的心目中很有地位。	5 4 3 2 1
50. 你希望你的工作有数量可观的在班费、加班费、保健费或营养费。	5 4 3 2 1
51. 你希望你的工作比较轻松，精神上也不紧张。	5 4 3 2 1
52. 你希望你的工作需要和影视、戏剧、音乐、美术、文学等艺术打交道。	5 4 3 2 1

在上面52个问题中，分别有4个问题对应着舒伯WVI量表中13种价值观。

现在，我们来统计你在舒伯的13种工作价值观上面的得分。在这里，选项5即得5分，4即得4分，以此类推。请在表4-6中对应的题号处写出你的得分，并最后汇总出每种价值观上所累积的总分。

表 4-6　得分表

价值观	问题1	得分	问题2	得分	问题3	得分	问题4	得分	总分
利他主义	2		30		36		46		
审美	7		20		41		52		
智力刺激	1		23		38		45		
成就感	13		17		44		47		
独立性	5		15		21		40		
社会地位	6		28		32		49		
管理	14		24		37		48		
经济报酬	3		22		39		50		
社会交际	11		18		26		34		
安全感	9		16		19		42		
工作环境	12		25		35		51		
人际关系	8		27		33		43		
多样性	4		10		29		31		

得分最高的三项是：

得分最低的三项是：

从得分最高和最低的三项中，可以大致看出你的价值倾向，在选择职业时就可以加以考虑。在上面的正文中，你可以找到你得分最高的三项价值观的基本特征及职业建议。而对于你得分较低的三类价值观，我们则建议你不要选择对应的职业领域。

【思考题】

1. 价值观有哪些特点？
2. 简述舒伯的 13 种工作价值观。

第五讲　探索职业世界

大学生在求职之前只有了解职业世界，明确自身目标，才会成功就业。如果大学生缺乏对职业世界的认识，会增加就业成本，浪费时间和精力。因此，除了清楚地自我认知以外，在职业生涯规划的过程中，大学生也不能忽视对职业世界的认识。

5.1　职业世界认知

疫情下的"新兴职业"

自 2020 年以来，受新冠肺炎疫情的影响，社会上诞生了不少"新兴职业"。

清明节回老家祭祖扫墓，是中华民族的传统习俗。但是受疫情影响，很多人都不可能回到老家，所以就请专业人士帮忙扫墓。"00 后"的女孩小李是某高职院校市场营销专业毕业生，她表示，自己就是专业的代客扫墓人员，每年清明节前后这些订单都接不过来，而且这些订单都有一个特点，那就是收费不菲。

可能很多人不理解为什么会有这样的新职业产生，而可能找过代客扫墓的人就能够体会这个职业是刚需的。且现在还有一个新职业，那就是宠物殡葬师。

现在的年轻人在外打拼，又不想很快成家，难免会孤独，就掀起了养宠物的风潮。但是，人会生老病死，宠物也会离开，于是，"宠物殡葬师"这个职业应运而生。很多从事这个行业的人表示，虽然订单有时候不多，但是收费很高。

还有一个收入很高的新兴职业是"家庭收纳整理师"。这是近几年非常火的行业，已经有很多公司注册，现在很多人忙于工作，或者懒得整理房间，于是，就想定期请人上门整理房间。

家庭整理师表示,每次收费300~800元,房间越乱,收费越高。如果订单很多,回头客很多,月入过万是不成问题的。

5.1.1 职业认知

确定职业目标的前提是尽可能充分地了解职业,并据此判断职业是否真如心中所向往的那样。

一、职业的概念

职业是指参与社会分工,利用专门的知识和技能,为社会创造物质财富和精神财富,获取合理报酬作为物质生活来源,并满足精神需求的工作。职业=行业+职位,其中行业是指方向,职位是指从事的具体事项、工作的岗位职务与位置。

职业包括以下多种含义:

① 职业是指需要一定专业技术的工作,社会分工越细,职业门类越多。

② 职业反映了人们创造物质财富和精神财富,并获取合理报酬的劳动分工。

③ 职业具有一定的时间性和规范性,偶然或短期从事某项业务不能算是职业活动,每种职业活动都有自己的行业规范,必须依规办事。

二、职业的特征

1. 社会性

职业是人类在劳动过程中的分工现象,它体现的是劳动力与劳动资料之间的结合关系,其实也体现出劳动者之间的关系,劳动产品的交换体现的是不同职业之间的劳动交换关系。这种劳动过程中结成的人与人的关系无疑是社会性的,他们之间的劳动交换反映的是不同职业之间的等价关系,这反映了职业活动和职业劳动成果的社会属性。

2. 规范性

职业的规范性包含两层含义:一是指职业内部操作要求的规范性,二是指职业道德的规范性。不同的职业在其劳动过程中都有一定的操作规范性,这是保证职业活动的专业性要求。不同职业在对外展现其服务时,还存在一个伦理范畴的规范性,即职业道德。这两种规范性构成了职业规范的内涵与外延。

3. 经济性

职业的经济性是指劳动者要从职业活动中获取经济收入,作为个人生存和维持家庭物质生活的来源。

4. 层次性

职业的层次性源于不同职业的体力、脑力付出的不同和工作复杂程度的不同，以及工作的轻松性、教育资格条件、在工作组织权力结构中的地位、工作的自主权、收入水平、社会声望等方面的差别。

5. 技术性和时代性

职业的技术性是指不同的职业具有不同的技术要求，每一种职业往往都表现出相应的技术要求。职业的时代性指的是职业由于科学技术的变化，及人们生活方式、习惯等因素的变化，导致职业往往会被打上那个时代的"烙印"。

5.1.2 职业分类

社会分工是职业分类的依据。在分工体系的每一个环节上，劳动对象、劳动工具及劳动的支出形式都各有特殊性，这种特殊性决定了各种职业之间的区别。

确定了自己未来要从事的行业之后，还需要确定自己的职业类型。此时，大学生可以使用"职业世界地图"来认识想要从事的职业类型。"职业世界地图"由美国大学考试中心（American College Test，ACT）在1985年建立，它试图将霍兰德的六边形与人—事物维度、数据—主意维度两维组合在一定，将职业的类型和职业的性质得以有机地结合起来，将职业分为6种类型、12个职业组和26个具体的职业类别，如图5-1所示，具体的职业类别如表5-1所示。通过"职业世界地图"，大学生能从理论上认识可以从事的职业类型。

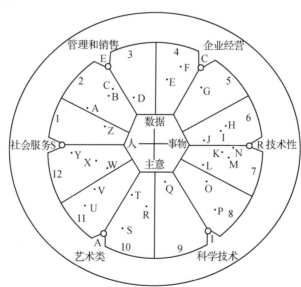

图 5-1　职业世界地图

表 5-1 26 个职业类别

A：与就业相关的服务	B：市场与销售	C：管理	D：监管和保卫
E：沟通和记录	F：金融交易	G：物流	H：运输及相关行业
I：农业、林业及相关行业	J：计算机信息专业人员	K：建筑和维护人员	L：手工艺人
M：制造加工	N：机械电器专业人员	O：工程技术	P：自然科学和技术
Q：医疗技术	R：医疗诊断和治疗	S：社会科学	T：实用艺术（视觉）
U：创造性和表演艺术	V：实用艺术（协作和口头）	W：卫生保健	X：教育
Y：社区服务	Z：私人服务		

"职业世界地图"包含两组维度和 5 个主要的象限，其具体含义如下。

① 人。指人与人之间的一种互动，在工作过程中和其他人有所接触与沟通。

② 事物。指在工作过程中处理与人无关的事物，很少需要或者不需要与他人进行沟通。

③ 数据。指对文字、信息等资料进行搜集、整理，比较重视客观事实与做理性思维分析。例如，会计、数据录入员等工作主要是与数据打交道的。

④ 主意。指人们充分运用主观能动性，在头脑中进行的工作，如对真理进行探究、创意的萌发等。例如，科学家、哲学家等工作主要是与主意打交道的。

在"职业世界地图"里，与人有关的职业类型在左边，与事物有关的职业类型在右边，与数据有关的职业类型在上面，与主意有关的职业类型在下面。职业在"职业世界地图"上的不同位置，也是对这两组维度的不同体现，如 X（教育）处于"人—主意"象限中，说明该职业类型主要是与人打交道，且在工作过程中要运用到分析与思考的能力；而 H（运输及相关行业）处于"事物—数据"象限中，说明该职业类型强调秩序，与人交往较少，与事物交往较多。

此外，1999 年，由劳动和社会保障部、国家质量监督检验检疫总局、国家统计局联合组织编制的《中华人民共和国职业分类大典》也适合作为大学生了解不同职业的依据，该分类大典是我国第一部对职业进行科学分类的权威性文献。2015 年对之进行了修订，将中国目前社会职业分为 1 481 个。在这 1 481 个职业中，又分为 8 个大类、66 个中类、434 个小类，并具体确定了各个职业名称。

5.2 职业世界探索方法

许多大学生求职失败，有时候并不是没有对职业世界进行探索，而是没有找到有效的职业探索的方法。对于有些大学生而言，职业信息浩瀚如海，根本不知道从哪里入手,更别提从中找出有利于自己职业规划的关键信息。下面则为大学生提供一些科学、有效的职业探索方法。

5.2.1 职业库法

有些大学生认为职业信息范围太大,难以下手,如果划定出一定的范围,则职业探索会更加容易,职业库法便是这类方法。职业库就像一个池子,里面盛的都是大学生适合的或有意向的多种职业,利用职业库进行职业信息探索的方法如下。

一、建立职业库

建立职业库时即要求大学生列出可能选择的各项职业。每一位大学生都有自己心中理想的职业,大学生可以通过头脑风暴、性格与兴趣测试等将所有理想的职业全部列举,这样就能获得一份职业清单。然后看看这些职业有哪些共同点,从中启发大学生想到更多值得探索的职业。

二、职业库筛选和排序

综合自身的能力、兴趣程度和价值观,按一定的逻辑对职业库中的职业进行排序和再次筛选,最终就能得到自己预期的职业库清单。

三、职业信息探索

通过官方网站、人才市场、搜索引擎等多种途径收集关于职业的发展趋势、发展前景、岗位职业、任职要求及福利待遇等相关职业信息,以为后期职业选择、评估和决策等提供依据。

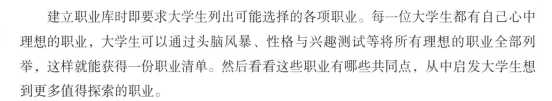

小甄的职业库

大学生小甄希望以后从事商业方面的工作,但因为对各类职业信息了解甚少,便很难做出决定,为此,小甄对自己进行了探索。其中,性格探索的结果是小甄适合做人力资源管理者、教师、咨询师等;兴趣探索的结果是小甄应该做培训人员、教师等;能力探索的结果是小甄可以做教育、销售、客户服务等工作;价值观探索的结集是小甄可以做服务、护理、自由职业等工作。从小甄职业探索得出的各种选择中,出现频率最高的是教师职业、教育工作,而客户服务、服务、护理等虽然名称不同但都体现了帮助他人的特点。所以最适合小甄的职业首先具有与人打交道、帮助他人的特点，其次还有沟通性、商业性等特点。综上所述，小甄列出了一些符合这些特点的职业，比如培训、客户服务、咨询顾问等。接下来，他根据自己对这些职业的大致了解，按实现可能性的顺序对其进行了排序，下一步，他打算再进一步详细了解和调查这些职业。

小甄借助职业库法成功地对自己感兴趣的职业进行了梳理，并形成了自己的职业库，这为他未来的职业选择提供了明确的思路与方向。

5.2.2 PLACE 职业分析法

PLACE 职业分析法是企业或职业评估机构对员工的职业信息进行评估的测试手段和方法。同样地，若大学生想具体、完整地获取某个职业的相关信息，也可以借助该方法。PLACE 职业分析法的具体含义如下。

一、P——职位（Position）

一个人在确定职业规划的方向时，往往需要对具体方向所包含的所有职位进行评估。有些职位虽然属于同一个职业方向，但是所需要的专业技能和职业能力却不大相同。就"新闻媒体从业人员"这一职业方向来说，它所包含的职位有总编、主编、编导、记者、摄像人员和后期制作人员等。

二、L——工作地点（Location）

工作地点指大学生根据自己的生活经验和日常了解，对职业的工作环境、工作地理位置及其变化性等因素的大概认识。例如，作为一名采购人员就要经常出差，需要前往全国各地确认供应商的情况，工作地点变化性较大；如果职业是教师，则一般是在学校工作，办公地点是教室和办公室，工作地点的变化性较小。

三、A——升迁状况（Advancement）

升迁状况包括该职位的升迁渠道与速度等。例如，会计从业人员的典型晋升渠道是"会计→总账会计→主管会计→财务部负责人→财务经理→财务总监→财务副总"，其升迁速度适中。升迁速度较快的一般是生产和销售从业人员。

四、C——雇用状况（Condition of employment）

雇用状况指员工被雇用的时候该职位的薪资福利、学习机会、工作时间和社会保障等。不同地区的雇用状况受到当地经济发展水平的影响，同一职位在不同地区的雇用状

五、E——雇用条件（Entry requirement）

雇用条件指要获得该职位所需要具备的诸如受教育程度、职业能力、工作经验、价值观等条件。如想要从事教育工作，首先一般需要师范专业本科以上学历，其次还需要考取教师资格证与普通话等级证书。

通过运用"PLACE"方法，大学生可以认识一个职位的各种信息，并结合自身条件对照每条内容，看自己是否适合该职位。若适合，就可再结合自己的兴趣爱好、价值观等，将该职位作为自己就业时的首选或备选目标；若不适合，则需再运用"PLACE"方法去认识其他职位，直到找到适合自己的职位为止。

5.2.3 生涯人物访谈法

生涯人物访谈是指大学生对自己感兴趣的职业从业者进行访谈，从而可以更加深入地对某个职业的详细信息进行了解和判断。为了防止受访谈中主观因素的影响，大学生进行生涯人物访谈时，访谈人物至少 3 个人，因为每一个人的认识、理解和关注点是不一样的，访谈的人越多，从中获得的信息就会越全面。

一、生涯人物访谈流程

职业生涯人物访谈的流程一般包括确定好访谈对象、准备好访谈提纲、保持良好状态、访谈与记录、总结与梳理五步，如图 5-2 所示。

确定好访谈对象	准备好访谈提纲	保持良好状态	访谈与记录	总结与梳理
通过对自己性格、价值观及专业的认识，在目标职业领域选择贴近职业目标的3位左右访谈对象	根据自己的诉求向访谈对象提出各类问题。问题应侧重工作职责、发展通道与任职条件等	在预约好访谈对象后，大学生应保持良好的心理状态，保持着装整洁得体，做足准备	灵活变换访谈问题和顺序。待征得对方同意后，对谈话录音或做书面记录	综合多位人物的访谈，总结访谈结果。例如，自我认识与现实的偏差，职业理想实现的差距等，作为自我培养的依据

图 5-2 生涯人物访谈流程图

二、生涯人物访谈内容

生涯人物访谈常见问题如下。
① 在该工作岗位上，每天都做些什么？
② 你是如何看待该领域工作将来的变化趋势的？
③ 到本领域工作所需的基本前提是什么？

④ 本职业需要什么样的人？
⑤ 这种工作需要什么样的教育背景？
⑥ 本工作需要特别的知识、技能和经验吗？
⑦ 什么样的个人品质或能力对本工作的成功来讲是重要的？
⑧ 公司对刚进入该工作领域的员工提供哪些培训？
⑨ 本领域初级职位和略高级别职位的薪水是多少？
⑩ 本工作的哪部分让你最满意，哪部分最有挑战性？
⑪ 本领域有发展机会吗？
⑫ 你认为将来本工作领域潜在的不利因素是什么？
⑬ 对于一个即将进入该工作领域的人，你愿意提出特别建议吗？
⑭ 还有哪些方法能帮助我深入了解该工作领域？

以 2~3 人为一组，结合所学专业，开展一次生涯人物访谈，录制访谈视频并制作 PPT 进行展示。

5.3 选择专业还是职业

大学生中的"考证热"

在某高职院校上大三的小王，所学的专业是药品生产技术。他本来对小学教育及相关知识一无所知，但为了毕业后能找一份好工作，也不得不硬着头皮去考教师资格证。小王认为，无论你能力怎么样，考的证越多、范围越广越好。他说："证书也是实力的一种，多一张证书就比别人多一次机会。在条件相当的情况下，比对方多持有一张证书，就多了一分被用人单位相中的希望。"

除了面临毕业的大学生热衷考证外，一些新生也加入校园"考证族"中。大多数新生认为，这两年受疫情影响，就业压力这么大，早做准备早下手，免得迟了跟不上。小张是 2022 级新生，对考证原本没有兴趣，但看到周围的同学都忙于考证，害怕落伍也加入考证行列。他说："大家都在同一条起跑线上，我不去考岂不是落后了？再说，目前竞争压力这么大，多一证总比少一证好！"

专业是职业之本，大学毕业生一定要在理解自己专业的内涵的基础上，通过对社会行业发展动向及职业任职要求的分析，来形成自己较为理性的就业观，并做好职业生涯规划。

5.3.1 专业与职业

大学生在做学业规划及升学志愿决策时，专业与职业之间的关系是必须面对且要解决好的重大问题。

一、专业的定义

专业是指在人类社会科学技术进步、生产和生活实践中，用来描述职业生涯某一阶段、某人群用来谋生，长时期从事的具体业务作业规范。专业也指高等学校或中等专业学校根据社会专业分工的需要设立的学业类别。我国高等学校和中等专业学校根据国家建设需要与学校性质设置各种专业，各专业都有独立的人才培养方案，以实现专业的培养目标和要求。

二、专业与职业的关系

不同的职业需要不同的知识和技能，而不同的知识和技能则是学（专）业的主要内容。从经济和效率的角度来看，所选择的学（专）业当然应该是职业目标所需要的知识和技能。

但是专业与职业之间并不都是一一对应的关系，而是呈现出一对一、一对多、多对一等非常复杂的相关关系。例如，学习法律的人依然可以成为记者和管理人员，而学习计算机的人也可以成为教师或者公务员。所以，大学生在做学业规划时，首先要分析专业和职业的相关性，然后确定职业目标。

1. 一对一

这种情况最简单，一个专业方向对应一个职业目标。此类职业的技术含量比较高，也比较单一，一般为技术性较强、专业分工明确的中职、高职类工科专业。这类专业和职业一般对应于专业技术人员。

2. 一对多

一对多是指一个专业方向对应多个职业目标。这类专业一般都存在于普通高校中，即常说的宽口径、厚基础的专业。

3. 多对一

多对一是指不同的专业方向可以向同一个职业目标发展，这种职业一般技术含量不高，要求个人在实践中自己领悟和学习，比如政府公务员、新闻记者、企业管理人员等。

5.3.2 职业是否必须与专业对口

根据中国社会科学院和社会科学文献出版社等共同发布的"中国社会蓝皮书"显示，中国高校毕业生工作与专业相关度为63%左右。看起来数据还可以，但中国高校应届毕业生在就业半年内，离职率平均为35%，工作几年过后，专业对口率进一步下降，即使那些号称"90%以上专业对口"的高校，几年后的数据也下滑了不少。也就是说，其实有不少人在毕业后虽然选择了专业对口的工作，但是工作并不顺利，或者说与自己的想象差距比较大，所以最后选择了离开这份工作转行。所以，与其在毕业后选择转行，不如尽早做打算，从事自己真正想要做的工作。

某高职院校电子商务专业毕业的小陈同学，毕业实习期间，在一家外资企业从事采购工作，和她在校的专业基本不相关。实习结束后，她觉得那里的人际关系不太好处理，于是找了个机会跳槽到了新公司。她应聘的依然是采购岗位。随着在新公司工作时间的增加，她的能力得到了很好的发挥，她的经理又给她安排了生产计划的工作内容，再后来她还兼起了供应链管理的工作，短短四年，薪水从刚入职时的3 000元升到了6 000余元。

小陈认为：应聘专业不对口的工作和所有求职过程都是一样的。要想清楚的是：自己想要得到的东西能否从这个公司里得到？公司需要自己具备哪些能力？自己是否具有让公司得益的能力？而所有的动力就来自自己对该职业所具有的"passion"（激情）。一个对目标非常执着的人，没有什么事能难倒他。

从这个例子可以看出，学以致用固然是不错的选择，但是做自己喜欢的工作，即使它与在校所学专业无关，但只要抱有从零学起的热情，一样可以开创令人羡慕的事业。

与工作相关度较高的专业，如模具设计、数控技术等，一方面，专业性较强，毕业生掌握了更多的专业技能，在自己熟悉的领域更具优势，同时较高的专业门槛也导致了其他专业的毕业生想要涉足这些领域的工作难度较大；另一方面，本专业就业环境较好，提供了较多的专业岗位，使本专业的就业需求相对得到满足。

反之，那些与工作相关度不高的专业，如电子商务等，一方面，在对该专业学生的教育培养过程中，相对更注重综合素质的培养和思维方式的训练，虽然没有过强的专业性，但毕业生综合能力可能更强，更容易适应与所学专业不相关的工作；另一方面，本专业的就业环境不够理想，或者就业面过窄，或者毕业生供大于求的状况太严重，迫使更多毕业生不得不从事与专业不相关的工作。

因此，无论你毕业前就读什么专业，你的前辈们自会为你提供选择不相关工作的先例。所以尽管抛开"专业不对口"的顾虑，大胆去争取你心中真正理想的工作吧！

结合所学专业，谈谈你是如何理解自己所学专业与将来职业的关系的。

5.4 高职生的职业目标

究竟为什么要"专转本"？

某高职院校数控技术专业的小周，毕业实习时曾在一家著名的德企应聘成功。那时正值数控技术工人紧缺的黄金时期，造成了数控人才的走俏。在毕业前，他通过"专转本"进入了一家民办本科学院深造。然而，两年过后，意想不到的事情发生了。小周本科毕业时，再次去该公司应聘，却遭到了拒绝。原因很简单，两年期间，随着公司的不断完善和相同学校的同专业人才的涌入，该公司的数控人才早已经饱和了。无独有偶，该校还有一位通过"专转本"在南京一所高校读本科的同学，由于他持有的毕业证书是民办二级学院的本科，虽然投出了很多的简历，还是一直等不到回复，最后在老师的推荐下，和他的学弟学妹们一起竞聘一个企业，最后该企业在21位应聘者中录用了10位同学，出乎意料的是他依然落选。

从这两个例子来看，继续深造并不一定给我们带来更光辉的前程。其实是否选择升学，关键在于自己是否有一个明确的职业目标。

5.4.1 职业目标的选择

一、基本原则

尽管在职业目标的选择过程中，不同的人会从不同的职业价值观出发，采用不同的策略，满足不同的需求，但遵循一定的选择原则，将有助于顺利达到职业目标。

1. 择己所爱

从事一项自己所喜欢的工作，本身就能给人满足感，职业生涯也会从此变得妙趣横生。调查表明，兴趣与成功概率有着明显的正相关性。因此，在设计职业生涯时，要考虑个人特点、兴趣，择己所爱，选择自己喜欢的职业。

2. 择己所长

任何职业都要求从业者掌握一定的技能，具备一定的能力条件。而一个人一生中不可能掌握所有技能。所以职业选择时要择己所长，运用比较优势原理，充分分析他人与自己，尽量选择冲突较少的优势行业，从而发挥个人的优势。

3. 择世所需

社会的需求不断地演化，所以设计职业生涯时，一定要分析社会需求，不能一味追求自我设计。最重要的是，目光要长远，能够准确地预测未来行业或者职业的发展方向，再做出选择，所选择的职业不仅是有社会需求，而且这个需求要长久。

4. 择己所利

职业是个人谋生的手段，其目的在于追求个人幸福。当我们在寻求个人的职业时，谋求个人幸福的生活成为我们的首要动机，这个动机支配着我们的职业选择。因此，在择业时，明智的选择是在由收入、社会地位、成就感和工作付出等变量组成的函数中找出一个最大期望值。

二、常见误区

1. 错把理想当目标

职业上的理想更多地表现为某个具体的职位，实现了职业理想就实现了职业目标，而很多大学生只着眼于职业理想，而不去实现各个阶段的职业目标，职业理想也就无从谈起。只有把宏大的职业理想转化为无数的可实现目标，职业理想才会最终得以实现。

2. 错把行业当岗位

经常有大学毕业生在简历上这样写求职意向：建筑设计院、建筑施工单位与建筑相关的公司。他求职的是建筑的整个行业，他根本不知道自己可以做什么。

3. 错把就业当择业

许多大学毕业生把就业当成了择业，以为只要有一份工作总会学到一些东西。其实不然，在职业发展的层次上，选择比努力更重要。方向错了，走得越远离目标就越远。

4. 错把择业当专业

许多大学毕业生在择业时，会拘泥于所学的专业。其实所谓的专业对不对口，只有在和职业理想相联系时才是需要去考虑的问题，而非按所学专业的职业前途去选择自己要做的工作。

5. 错把专业当能力

在求职简历上写上专业所学的课程时要慎重，不要把专业当作求职的砝码，因为并不是所学的专业对所求职的任何工作岗位都有支持作用，更何况你对专业的学习还不是那么精通，或者你所学的专业并非你要从事的。

6. 错把知识当技能

在应聘时，许多大学毕业生把所学的理论知识当作了岗位要求的操作技能。做任何工作，除要求具备理论知识外，还必须掌握相应的操作技能。只有当知识转化为技能时，才能安身立命，才能谋求更大的发展空间。

7. 错把兴趣当工作

在职业发展上，喜欢是一回事，胜任是一回事，选择又是另一回事。其实，影响选择职业与胜任工作的因素不是兴趣、爱好与性格，这些内在因素最多能让我们做得更好，却不能决定我们是否能做以及能否做成。

8. 错把经历当能力

在职业发展上，经历并不代表能力。每个人都有过去的经历，但不是每个人都会形成能力。没有方向地盲目去做社会实践，并不能形成自我的核心能力。

5.4.2 职业目标的锚定

有人力资源专家指出：当下，大多数大学生的职业生涯目标都处于模糊状态，完全凭着空想构建自己理想化的海市蜃楼。的确，如果要让目标真正具有指导性，那它必须是务实的、可行的且适合自己的。其实，解决这一问题的根本是做好职业生涯规划。

一、职业生涯规划的概念

职业生涯是在对个人职业生涯的主客观条件进行测定、分析、研究、总结的基础上，确定最佳的职业发展方向，并为实现这一目标做出行之有效的设计与安排。用通俗的话说，就是给自己确定一个合适的职业目标，并想办法实现它。

职业生涯规划需要寻找三个平衡点：

① 个人性格特点和兴趣。

② 具备的能力、条件和专业知识。

③ 社会需求和市场。

下面让我们来了解一下舒伯的生涯彩虹图（图5-3）。

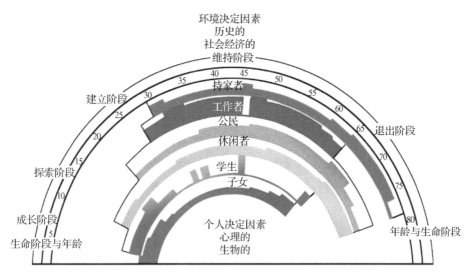

图 5-3　舒伯的生涯彩虹图

著名职业生涯规划大师舒伯依照年龄将每个人生阶段与职业发展配合，将生涯发展阶段划分成成长、探索、建立、维持和退出五个阶段，之后提出一个更为广泛的新观念——生活广度、生活空间的生涯发展观，这就是彩虹图。在生涯彩虹图中，纵向层面代表的是纵观上下的生活空间，由一组职位和角色所组成，分成子女、学生、休闲者、公民、工作者、持家者六个不同的角色，他们相互影响交织出个人独特的生涯类型。他认为，一个完美的人生，未必仅仅依赖于职业角色的完美，更多的非职业角色使人生有更多实现的可能。职业生涯规划的目的是使我们对学习工作生活的目的有更清晰的认识，并且对将来所要从事的工作富有热忱。规划得越早，你就越容易集中所有的能量和资源去实现，成功的可能性就会更大。

二、职业生涯规划的步骤

职业生涯规划需要一系列精心设计的流程才可能迈上可控的成功之路。一般而言，主要包括以下四个步骤（图 5-4）。

1. 了解自己

通过自我分析认识自己，了解自己的优势和劣势，设定职业理想。了解自己的方法有很多种，包括询问自己的内心、倾听家人和朋友对自己的评价，还可以选择职业测评工具，发现自己的职业兴趣。

2. 探索职业世界

通过实习、向从业者咨询或上网查询，了解真实职业环境，包括工作环境、工作内容、工作所要求的技能、任职资格、与其相匹配的风格和价值观等。

3. 确立职业目标

只有在对个人进行全面分析及对环境有较深入的了解后，我们才能真正结合个人职业理想确定自己的职业发展目标。

4. 制订、执行行动计划并不断修正

为职业目标的实现设定短期的计划，可根据具体的职业要求，寻找自身的差距，制订提高能力的行动计划，并严格执行。主要行动路线在于，提高自己与理想职业相匹配的能力。由于人在不断成长，环境在不断改变，所以职业生涯规划也应该不断地调整，也就是说，我们必须在先前做过的职业生涯规划的基础上不断进行自我认知和环境认知，适时调整和修订自己的规划，只有这样，我们才能拥有辉煌的人生。

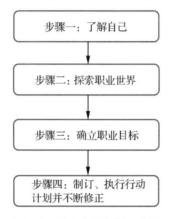

图 5-4 职业生涯规划四步图

1. 训练项目：描绘你的人生时间轴（或人生轨迹）。
2. 训练要求：用你喜欢的方式，如语言、图画或其他你想到的方式，描绘并向大家展示你的人生时间轴（或人生轨迹）。
3. 训练讨论：分小组讨论，各小组派代表分享，教师点评。

人生时间轴（人生轨迹）示例如图 5-5 所示。

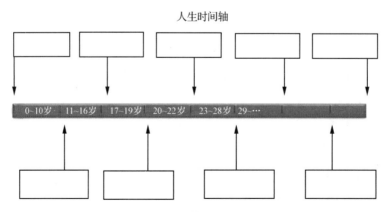

图 5-5 人生时间轴（人生轨迹）图

【思考题】

1. 请结合自身实际，谈谈可以从哪些方面来锚定自己的职业目标的。
2. 结合本章所学，修订自己的职业生涯规划书。

第六讲　职业沟通

职场中，为什么有的人能与人和谐共处，受到领导的青睐、同事的喜欢，在职场上游刃有余；而有的人不仅到处碰壁，一再受挫，还不受人欢迎？中国职业能力认证中心对近千名被解聘的员工进行了解聘原因调查，得到的结论令人大跌眼镜：因知识和技能不称职而遭到解聘占比不到15%，而超过85%的人是由于他们的人际关系处理不当和沟通能力欠缺而被解聘的。另一项调查则表明：企业中70%以上的问题是来自沟通不畅。给企业造成最大损失的，不是技术不精良，不是人手不够多，不是资金不到位，也不是理念不先进，而是企业与企业之间或企业内部部门与部门之间、人与人之间的沟通不通畅。

有效的职业沟通已成为人们生存与发展所必需的基本能力，拥有了沟通能力就等于掌握了成功的钥匙。同样，有效的职业沟通也是企业利润的源泉。

6.1 职业沟通认知

卡耐基说，一个人的成功只有15%依靠专业技术，而85%要依靠人际关系、有效说话等软科学本领。有研究指出，人们一生中大概用70%的时间在和别人沟通。

沟通（communication）就是信息传递和反馈的行为，发送者凭借一定的渠道，将信息传授给接受者，并寻求反馈以达到相互理解的过程。沟通有时又称交流，是人类最基本、最重要的活动之一，是一个连续和循环的过程。

当你准备进入职场去应对更深层次的相互关系时，沟通技巧对成功来说将会变得更为重要。在职场中，不善于沟通将失去许多机会，同时也将导致自己无法与别人顺利地合作。我们都不是生活在与世隔绝的孤岛上，只有与他人保持良好的沟通协作，才有机会获得成功。要知道，现实中大部分的成功者都是擅长人际沟通、重视人际沟通的人。一个人只有能够与他人准确、及时地沟通，才能建立起牢固、长久的人际关系，进而能够使自己在事业上如虎添翼，最终取得成功。

小王的职场故事

小王大学毕业后进入某知名企业工作。工作的第一天，小王对公司情况有了一个大致了解，接受了一些内部培训，一周后便开始上岗了。

1. 首次任务

两周过去了，小王逐渐熟悉了公司的情况。领导开始给小王分派任务了，交给小王的第一个任务他不是特别熟悉，并被告知一周后完成。由于小王对任务不熟悉，他感到无从下手。但领导此时出差在外，小王觉得不便打扰，所以并没有向领导请示，他自己用几天时间收集资料做了大致的了解。一周之后领导回来了，跟小王要资料，小王说这个任务他不是特别懂，希望领导给他点意见。谁知领导非常生气地训斥他："不懂可以打电话问，或者发邮件也可以，但是绝对不可以一周什么事情也不做！要主动和领导沟通！"当时小王就感觉有点无地自容了，但是也没多说什么，请领导多给他一周时间，他会尽力做好。

2. 与外部门沟通

由于此次任务有很多事项需要和其他部门沟通，小王心想自己跟他们不熟，采用发邮件的方式会好些，只要把事情说明白就应该没有太大问题。因此，小王给别的部门同事发了邮件，其中有些还是外省公司代表处的。部分同事反应很快，将小王要的资料迅速回复给他。但是外省公司可能由于经常在外面有销售活动未能及时回复，小王又发送邮件催了一次，对方依旧没有回复。这样，三天过去了，小王开始着急了，赶紧给他们打电话。接电话的人还算客气，但是说："不好意思，你要的这些资料我这里暂时没有，而且我在外地出差，三天以后才有可能发给你，如果早点告诉我，情况会好点。"小王有点不知所措了，因为领导很快就会要资料，时间上已经来不及了。又过了一周，领导跟小王要报告。小王说："由于部分分公司资料没给齐，暂时做不出来，需要延后几天。"领导质问道："两周时间，他们资料还没给齐？"小王没有多作辩解，只是跟领导保证过几天将任务完成。

3. 与领导沟通

又过了两天，小王好不容易将报告做出来了，他用邮件发给了领导。他以为有什么问题领导肯定会让他修改，因此就若无其事地等领导回复。但是两天过去了，一点儿动静都没有。小王心想：难道领导没收到邮件？因此又检查了一下邮箱，确定领导的确收到了邮件。一周过去了，领导又问他那份报告的事情，小王说："一周前就给您发过去了。"领导埋怨说做完了怎么也不告诉他，他邮件很多，有时不一定会看到所有的邮件。小王觉得很委屈，明明自己辛苦完成的工作发给领导了，是领导自己没看，还怪罪他。

4. 坐"冷板凳"

做完这份报告之后，领导也没提什么修改意见，也没安排什么任务，过了几天又出差了。小王有了属于自己的空闲时间，但是不知道上班要干点什么。两天之后领导回来了，小王本以为领导会安排一点任务给他，但领导并没有找他。他还是悠闲地等着领导给他安排任务。一周过去了，小王依然没有接到任何任务，领导似乎也不管他了。他开始有点担心了，但又顾忌到领导太忙，自己不敢去找领导主动要求安排任务，因此他就继续等待。晚上同事们加班，他也不得不留下来，尽管无事可做，但还是在那里耗时间。

5. 沟通不畅，离职

又过了一周，小王进公司大概一个月的时间，领导总算来找小王了。小王十分忐忑，不知道领导会给他安排什么任务。可这次领导并没有提到工作的事情，只是跟小王谈工作态度问题。领导说："小王啊，你来公司也已经有一个月了，有什么工作业绩没有啊？"小王说："没什么，就完成了一个报告，还在等着您给我下达任务呢。"领导说："小王，你是我亲自招聘进来的，本来我是很看好你的，然而我经过观察发现，你做事情最大的一个缺点就是不够积极主动，什么时候都要别人给你布置任务，你为什么不能主动来找我沟通工作问题呢？"小王此刻深受启发，但接下来在与领导的沟通上依旧没有太大的改观。又过了一个月，试用期要结束了，小王也觉得在这里工作不受重用，没有什么激情，因此试用期还没过，小王就主动离职了。

在沟通上，你认为小王存在哪些问题？应该如何改进？

6.1.1 职业沟通概述

职业沟通，是指在职场中，人与人之间用语言、文字等符号交流信息、交流思想和情感来达成职业活动的双向互动过程。

一、职业沟通的作用

在职场中，职业沟通主要有以下作用。

- 通过沟通，可以帮助沟通双方理解对方的意图，产生共识，达成一致。
- 沟通可以减少员工之间的摩擦、争执与意见分歧。
- 沟通可以疏导员工情绪、消除心理困扰。

- 沟通可以使员工了解组织环境，理解组织意志，从而减少变革阻力。
- 沟通有助于下情上传，使管理者洞悉真相、排除误解。
- 沟通可以增进人员彼此了解，改善人际关系，促进和谐。
- 沟通可以减少上下级与同事间的互相猜忌，有利于增强团队凝聚力。

经理室的对话

小王是一家科教设备公司的推销员，他希望通过勤奋的工作来创造良好的业绩。一天他急匆匆地走进一家公司，找到经理室，于是就有了以下一段对话。

小王："您好，李先生。我叫王乾，是科教设备公司的推销员。"

经理："哦，对不起，这里没有李先生。"

小王："您是这家公司的经理吧？我找的就是您。"

经理："我姓于，不姓李。"

小王："对不起，我没听清您的秘书说您是姓李还是姓于，我想向您介绍一下我们公司的彩色复印机……"

经理："我们现在还用不着彩色复印机。"

小王："噢，是这样。不过，我们还有别的型号的复印机，这是产品目录，请过目。（接着，掏出香烟和打火机）您来一支。"

经理："我不吸烟，我讨厌烟味，而且我们公司是无烟区。"

小王：……

二、职业沟通的特点

职业沟通的特点主要有：

- 沟通是信息的传递。
- 信息不仅要传递，还要被充分理解。
- 沟通并不意味着双方就能达成一致的意见，而是准确地理解信息的含义。
- 沟通是一个双向、互动的反馈和理解过程。
- 具有鲜明的职业性。
- 沟通无所不在。

三、有效沟通的原则

1. 理解原则

理解是人际沟通的润滑剂，凡事一被理解，沟通就顺畅了；沟通双方要多站在对方的立场考虑，懂得换位思考；理解既是一种原则，也是修养的一种体现。

有名的试飞驾驶员鲍伯·胡佛从圣地亚哥飞回洛杉矶，有两个引擎同时发生故障。幸亏他反应灵敏，控制得当，飞机才得以降落。虽无人员伤亡，但飞机已面目全非。在胡佛检查飞机用油时发现，这架螺旋桨飞机装的竟是喷射机用油。回到机场，胡佛见到那位负责保养的机械工，你可以想象出胡佛的愤怒。然而，这位自负、严格的飞行员却没有责备那个机械工人，只是伸出手臂，围住工人的肩膀说道："为了证明你不会再犯错，我要你明天帮我的F-51飞机再做修护工作。"而此时，年轻的机械工人早为自己犯下的错误痛苦不堪，眼泪沿着面颊流下。由此看来，尽量去理解别人，尽量设身处地去想他为什么这样，这比起批评责怪要有益得多。

2. 尊重原则

尊重是礼仪的情感基础。人与人是平等的，无论职务高低、年龄长幼还是民族，都没有高低贵贱之分。尊重长辈，尊重领导，关心客户，这不但不是自我贬低的行为，反而是一种至高无上的礼仪，说明一个人具有良好的个人素质。只有相互尊重，才能建立、维持和谐的人际关系，才能给事业上的合作奠定良好的基础。

3. 宽容原则

宽容是一种胸怀，一种自信，一种修养，是一种人生境界。

清末豪商胡雪岩，在他开的钱庄生意兴隆时，当初在他落魄时不见踪影的朋友纷纷现身，请求投资或重修友好。胡雪岩一概没有拒绝，这种宽容大气，带来了人气。人气就是面子，面子就是本钱。

4. 真诚原则

有人做过一个统计，从描述人品的词语中选出你认为最重要的几个，真诚被排在了第一位。一个人尽管不善言辞，但有真诚就足够了，没有比真诚更能打动人。

5. 明确原则

沟通时最好用简单易懂的语言来传达讯息，而且对说话的对象、时机要有所掌握，有时过分的修饰反而达不到想要完成的目的。换言之，就是学会用平白的语言表达自己深邃的道理。

6. 互动原则

沟通是互动的，不是一方的事，需要双方共同参与；沟通双方共享说话的权利是互动的前提，要建立"我和你"这样的民主对话关系。

7. 技巧原则

有句老话说得好，"会说的说圆了，不会说的说翻了"。所以沟通是问与答的统一体，问是一门艺术，答同样需要高超的技巧。

四、有效沟通的成功模式

① 制订沟通计划，解决怎么沟通的问题。
② 建立沟通关系，以信任为基础，使沟通在友好的气氛中顺利、高效地进行。
③ 达成沟通协议，使沟通围绕主题，达到双赢的结果。
④ 履行沟通协议并维持良好的关系，解决好沟通结束后双方关系的去向问题。

故事案例五

沟通是团队合作的关键

小红明天就要参加中学毕业典礼了，不管怎样都想精神点把这段美好的时光留在记忆里，于是她高高兴兴地出去买了一条裤子，可是回来后发现裤子长了两寸（1 寸 ≈ 3.33 厘米）。吃饭的时候，趁奶奶、妈妈和嫂子都在的时候，小红讲了裤子长两寸的问题，但饭桌上大家都没有反应。

晚饭后，每个人都忙着自己的事，也没有人提起这件事。妈妈睡得很晚，睡觉前想起女儿明天穿的裤子长了两寸，于是悄悄地一个人把裤子剪好并折好放回去。在半夜，突降暴雨，嫂子被惊醒了，起来关窗，突然想起小红的裤子长了两寸，明天她就要去学校了，应该帮她剪一下，所以嫂子把小红裤子剪了两寸，然后去睡觉。一大早，奶奶起床做早餐，也突然想到孙女的裤子还没剪，于是拿起了针线开始剪裁。最终，小红穿着短了四寸的裤子参加了毕业典礼。

这个故事告诉我们：一个团队只有良好的愿望和热情是远远不够的，它还必须要有有效的沟通。如果一个团队的沟通和互动正确、健康而有效，那么，它就能使团队成员的力量得到整合放大,从而产生相加、相乘的效果,迅速推进团队工作,实现团队的目标。

管理学大师彼得·德鲁克(Peter Drucker)非常强调沟通的重要性,其"管理就是沟通"的观点已经成为现代管理学界的共识。随着人本管理思想的推进和深入人心,团队只靠冰冷的制度是发挥不了管理功效的。所以,有效的沟通在团队管理和团队建设中显得尤为重要。沟通看上去是小事,但往往能为团队创造难以想象的价值。所以说,沟通也是生产力;同时,沟通既能提高团队的工作效率,为实现团队目标做导航,又能化解团队中可能出现的矛盾,增进团队中的凝聚力和向心力。一般来说,团队沟通要遵循"五心原则",即平等的心、欣赏的心、包容的心、合作的心和分享的心。

6.1.2 非言语沟通

据研究,高达93%的沟通是非语言沟通,其中55%是通过面部表情、身体姿态和手势传递的,38%是通过声调传递的。所以非语言沟通在沟通过程中是十分常见且重要的,甚至比语言沟通表达的信息更加重要。

一、非语言沟通概述

1. 非语言沟通的含义

所谓非语言沟通,就是使用除语言沟通以外的其他各种沟通方式来传递信息的过程。非语言沟通的形式有很多,包括身体语言、副语言、空间语言及环境语言等,甚至没有表情的表情、没有动作的动作都是非语言沟通的有效途径。

在沟通过程中,非语言沟通和语言沟通关系密切,经常相伴而生,并且非语言沟通在其中起着非常重要的作用,甚至比语言表达的信息更为重要。

2. 非语言沟通的特点

概括起来,非语言沟通的特点主要表现在以下几个方面。

(1) 非语言沟通更能真实表明情感和态度

面部表情、肢体动作、目光等非语言的使用方式,都向他人传递了情感和情绪,包括愉快、惊讶、悲伤。例如,我们会不自觉地接近喜欢的人;对某些话题感兴趣时,会把身体倾向对方;通过语气、语调等准确地识别说话者的情绪。

(2) 非语言信息可能与语言信息相互矛盾

语言信息是经过精心加工的,但非语言信息在很大程度上是无意识的、根深蒂固的。现实交际中,我们也会发现"言行不一"的现象。在得到混杂信息时,非语言信息通常比语言信息更可靠。

（3）非语言沟通隐藏着丰富的文化内涵

非语言行为是在特定的群体中学到的，它受到文化环境、风俗习惯、思维方式、宗教信仰的影响。例如，拉美人握手时比较柔软，而北美人握手时就强劲有力。在信奉佛教的国家，头是神圣不可侵犯的，绝对不可以去摸别人的头。

二、非言语沟通的应用

1. 目光语

"眼睛是心灵的窗户。"眼睛是最能传神的，是口语交流中表达感情信息的重要渠道，会产生很强的感染力。兴奋、热情的目光会使听众高兴；和蔼、关切的目光会使听众感到亲切；坚定、自信、充满希望的目光会使听众受到鼓舞；冷峻如剑的目光会使听众毛骨悚然；充满仇恨的目光会使听众怒火中烧。因此，应注意运用目光语来表达内在的丰富感情。

（1）时间

实验表明，在整个语言交流过程中，双方的目光相接累计应达到50%～70%的时间，只有这样，才能在彼此间建立起信任和喜欢。如果目光相接不足全部交谈时间的1/3，则表示对交流内容不感兴趣。还要注意的是，在语言交流中除关系十分亲密外，一般连续注视对方的时间应在1～2秒内，否则会给对方造成不舒服的感觉。如果长时间对异性注视或上下打量，这都是不合礼仪的行为。

（2）部位

目光语的部位在不同场合、不同对象的情况下而有所不同。在业务洽谈、交易磋商、贸易谈判等这些公务活动中，目光停留的部位是对方的前额至双眼这一区域，显得认真、严肃、有诚意、积极主动，容易把握交谈的控制权。在大多数的社交场所，目光停留的部位则是对方的双眼至嘴这一区域，显得友善尊重，富于关切。而对于异性之间特别是恋人之间，目光则更多停留在对方的双眼和胸部之间；对于关系并不密切，甚至陌生人之间，这种目光语则是不合礼仪的。

（3）方式

目光语的使用方式主要有以下三种。

① 环视法。这是用眼睛环视听众的方法。在环视过程中要做到神态自然，视线在全场按一定幅度自然地流转，环视场内听众。这种目光可以控制听众的情绪，了解听众的反应，检查语言表达的效果。但头部不可大幅度地转动，以免扰乱听众视线，分散听众的注意力；也不可以过于呆板，使听众感到僵化而无生气。

② 注视法。这是把视线集中到某一听众或某一区域，只同个别或部分听众交流的视线，以对听众做比较细致的心理调查，启发引导全场听众专心听讲，或制止个别听众

在场内小声议论、搞小动作等。但注视个别听众时目的要明确，时间不宜过长，能让听众充分理解其意图即可。

③ 虚视法。这是用眼睛似看非看的方法。虚视要求睁大眼睛面向全场听众而不专注某一点，使每一个听众都感觉到被注视。这种目光能够控制全场，可以克服语言交流中的怯场心理；在回忆和描述某种情境时，还可以表示思考，带领听众进入想象的理想境界，使听众受到优美意境的熏陶和感染。目光语必须注意与面部其他表情协调一致，与有声语言密切配合，而且反应要灵敏、自然、和谐，不可随意挤眉弄眼，生硬做作。运用虚视法，要做到"目中无人，心中有人"。

2. 表情语

面部表情能反映一个人的内心，它是"心灵的镜子"。这面镜子是由脸的颜色、光泽，肌肉的收与展，以及脸面的纹路组成的。它以最灵敏的特点，把具有各种复杂变化的内心世界，如高兴、悲哀、痛苦、畏惧、愤怒、失望、忧虑、烦恼、疑惑等，最迅速、最敏捷、最充分地反映出来。因为前面的内容已对目光语进行了详细的阐述，在此对面部表情中的"眼"就不再重复，只阐述其余部分。

（1）脸

脸的表情依靠脸面肌筋动作和肌肉颜色、纹路的变化，而脸面肌肉颜色、纹路的变化又跟脸面肌筋动作的变化密切相关。一般是"愉快""和谐""善意"的表情，脸上肌筋动作都向上；"不快""悲哀""痛苦"的表情，脸上的肌筋动作都向下；若在感情剧烈的时候，脸上的肌筋动作，一部分向上，一部分向下，一部分向左右牵扭，失去其和谐性。我们在训练表情语时，可以选择一些感情丰富的演讲词，经过认真研读领会之后，带着感情对镜训练面部表情，使面部表情能够准确鲜明地反映出自己内在的真实感情。

（2）眉

眉和目相连，眉目常联合传情。例如，眉目低垂表示冷漠；眉目骤张表示恼怒；双眉紧锁表示忧愁；眉飞色舞表示兴奋；等等。在运用表情语时，眉的动作变化必须和眼睛变化协调配合。

（3）口

口形变化能够表情达意。具体情况有以下几个方面：口角向上表示"高兴""愉快""谦逊"；口角向下表示"忧愁""失望"；嘴唇紧闭、口角向下表示"厌恶""不满"；嘴唇微开、口角向下表示"悲哀""痛苦"；口大张表示"畏惧""恐怖"；口角平直而嘴唇紧闭表示"警惕""坚定"；口角平直而嘴唇颤抖表示"气愤""激动"；等等。上述口形与脸面、眼神要协调配合，不能截然分开。

（4）鼻

鼻子大部分用来表示厌恶、愤怒等情感。例如，鼻孔张大、鼻翼翕动表示非常愤怒。在生活中，人们常见摸鼻子这个身体动作。从潜意识的角度看，摸鼻子表示他很犹豫，可能在说谎。因为他知道自己在撒谎，所以就下意识地去摸自己的鼻子。所以当看到别人在摸鼻子的时候，你一定要注意了，其很有可能在说谎。

（5）微笑

微笑是无声的语言，但是"无声胜有声"。真诚自然、适度得体的微笑是沟通心灵的桥梁，是接近别人的最好介绍信，传递诚意，为沟通创造一个轻松、愉悦的氛围，化解陌生、紧张的感觉。同时，微笑也能显示出自信和期待，希望会有一个良好的沟通。微笑的妙用主要表现在，让人更易接受你的建议；让你的赞美更有分量；让人更易接受你的请求；让人加倍领受你的谢意。

微笑是可以培养的。要培养微笑，可以先从面对镜子开始。当你面对镜子的时候，可以回忆一些你非常喜欢的、令人愉快的事情，然后将这种愉悦的感受传递到你的脸上，心里相信今天你会遇到许多快乐的事情。时间长了，随着这些想象酝酿出的良好感觉，就会形成善意、真诚的微笑。

3. 手势语

"手是人的第二张脸。"手的动作也能够表情达意。一些人讲话时，不会用手势或乱用手势，是因为缺乏对手势语运用的严格训练。

手势语活动范围分为上、中、下三个区域。

上区（肩部以上）：手势在这一区域活动，多表达积极、宏大、激昂的内容和感情。例如，表示坚定的信念、殷切的希望、胜利的欢呼、幸福的祝愿、愤怒的抗议等。"让我们扬起风帆，向着光明的未来奋勇前进！"右臂向斜上方打出，表示奋斗的决心。

中区（肩部至腹部）：手势在这一区域活动，多表达叙述事务和说明事理，一般表示比较平静的心情。"请相信我，我一定会做好这项工作的。我虽没有名牌大学的文凭，但我有勇于进取、敢于负责的品质。"右臂抬起、手抚心区，表示忠诚。

下区（腹部以下）：手势在这一区域活动，多表示否定、不悦、鄙视憎恶和厌弃的内容与情感。例如，"考试作弊，这是令人不齿的欺骗和盗窃行为。我们郑重承诺，此类行为绝不会在我们中间发生！"右手臂放在胸前，然后迅速向斜下方打出，表示厌恶、憎恨。

4. 动作语

动作语是指头、肩及腿脚等肢体动作语言。通过对多肢体动作的分析，可以判断人的心理活动或心理状态。

（1）头部动作

头部动作是身体动作的重要部分。其实，头部动作所传递出的肢体语言非常细腻，人们需要根据头部动作的程度，再结合实际的条件来判断头部动作的信息。

① 点头。点头这一动作虽然简单，但是所传递的含义很多，如赞成、肯定、理解等。另外，在特定的场合下，它还表示礼貌和问候，是一种优雅的社交动作语言。

② 摇头。摇头一般情况下表示拒绝和否定的含义。但是，在特定的背景环境下，摇头还表示沉思的含义。

③ 歪头。在聆听演讲或其他某些情况下，人们会歪头，这表示很认真；在听到悲伤的消息时，一边看着对方，一边歪着头，表示对别人的遭遇很同情。

（2）肩部动作

耸肩这一动作在外国较常见，含义是对此无可奈何、随你便、放弃等。假如有人求你办件事，你做了耸肩这个动作，那么对方就明白你的意思了。例如，同事对你说："嗨，老板想安排你去机场接一位贵宾。"你不好意思说你不想去，你就做出耸肩的动作，意思就是：没办法啊，碰到了呗。

（3）腿和脚的动作

腿和脚的动作虽然不易被察觉，但是更能直观地揭露出一个人真正的心理状态。挑衅时双腿挺直；忧郁时双腿无力；兴奋时手舞足蹈；抖腿时表明心情很轻松、很愉悦；跺脚时有时表示兴奋，有时还表示愤怒；脚打节拍，这其实是一个预备性的动作，表示恨不得马上就采取行动；脚尖点地表示轻松、无约束；脚步轻快表明心情舒畅；脚步沉重表示疲惫不堪、心事重重。

测测你的人际沟通能力

下面是一组沟通能力的小测试，请不假思索地选择适合你的情形。

1. 在说明自己的重要观点的时候，别人却不想听你说，你会（　　　）。

   A. 马上气愤地走开

   B. 不说了，但你可能会很生气

   C. 等等看还有没有说的机会

   D. 仔细分析对方不听自己的原因，找机会换一个方式去说

2. 去参加老同学的婚礼回来，你很高兴，而你的朋友对婚礼的情况很感兴趣，这时（　　　）。

A. 你会详细述说从你进门到离开时所看到和感觉到的相关细节

B. 你会说些自己认为重要的

C. 朋友问什么你就答什么

D. 你感觉累了，没什么好说的

3. 你正在主持一个很重要的会议，而你的一个下属却在玩弄他的手机，并有声音干扰会议现场，这时你会（   ）。

A. 幽默地劝告下属不要玩手机

B. 严厉地叫下属不要玩手机

C. 装着没有看见，任其发展

D. 给那位下属难堪，让其下不了台

4. 你正在跟老板汇报工作，你的助理急匆匆地跑过来说有你一个重要客户的长途电话，这时你会（   ）。

A. 说你正在开会，稍后再回电话过去

B. 向老板请示后，去接电话

C. 说你不在，叫助理问对方有什么事

D. 不向老板请示，直接跑去接电话

5. 去与一个很重要的客户见面，你会（   ）。

A. 像平时一样随便穿着

B. 只要穿得不要太糟就可以了

C. 换一件自己认为很合适的衣服

D. 精心打扮一下

6. 你的一位下属已经连续两天下午请事假了，第三天上午快下班的时候，他又拿着请假条过来说下午有事请假，这时你会（   ）。

A. 详细询问对方因何事请假，视原因而定

B. 告诉他今天下午有一个很重要的会议，不能请假

C. 你很生气，什么都没有说就批准了他的请假

D. 你很生气，不理会他，不批假

7. 你刚应聘到一家公司就任部门经理。上班不久，你了解到本来公司中就有几个同事想就任你的职位，老板不同意，才招了你。对这几位同事，你（   ）。

A. 会主动认识他们，了解他们的长处，争取成为朋友

B. 不理会这个问题，努力做好自己的工作

C. 会暗中打听他们，了解他们是否具有与你进行竞争的实力

D. 会暗中打听他们，并找机会为难他们

8. 与不同身份的人讲话，（　　）。

A. 对身份低的人，你总是漫不经心地说

B. 对身份高的人说话，你总是有点紧张

C. 在不同的场合，你会用不同的态度与之讲话

D. 不管是什么场合，你都是用一样的态度与之讲话

9. 在听别人讲话的时候，（　　）。

A. 你总是会对别人的讲话表示兴趣，记住所讲的要点

B. 你总是会请对方说出问题的重点

C. 若对方老是讲些没必要的话，你会立即打断他

D. 若对方不知所云，你就会很烦躁，就去想或做些别的事

10. 在与人沟通前，你认为比较重要的是，应该了解对方的（　　）。

A. 经济状况、社会地位

B. 个人修养、能力水平

C. 个人习惯、家庭背景

D. 价值观念、心理特征

评分方法：

题号为1、5、8、10者，选A得1分，B得2分，C得3分，D得4分；其余题号的，则选A得4分，B得3分，C得2分，D得1分。将10道测试题的得分加起来，就是你的总分。

结果分析：

如果你的总分为10～20分，表明你经常不能很好地表达自己的思想和情感，所以你也经常不被别人所了解；许多事情本来是可以很好解决的，正是你采取了不合适的方式，所以有时你把事情弄得越来越糟；但是只要你学会控制好自己的情绪，改掉一些不良的习惯，你随时可能获得他人的理解和支持。

如果你的总分为21～30分，表明你懂得一定的社交礼仪，尊重他人，你能通过控制自己的情绪来表达自己，并能实现一定的沟通效果；但是，你缺乏高超的沟通技巧和积极的主动性，许多事情只要你继续努力一点，你就可大功告成。

如果你的总分为31～40分，表明你很稳重，是控制自己情绪的高手，所以，他人一般不会轻易知道你的底细，你能不动声色地表达自己，有很高的沟通技巧和人际交往能力，只要你能明确意识到自己性格的不足，并努力优化之，一定能取得更好的成绩。

6.2 职业沟通应用

工作中的沟通,包括部门和部门、上级和下级、同事之间的沟通,而与客户的沟通更是企业的生命线。上级关心员工,善于听取员工的意见和建议,充分发挥其聪明才智与积极性,可以提高员工的工作效率和成绩。部门和部门之间的沟通,可以迅速地传递各种信息,增进配合。同事之间的沟通,可以增进信息的共享,吸取不同的经验和教训。与客户沟通无障碍,才能为企业带来利润,带来生存和可持续发展的动力,这样企业才有生存空间。可见,工作中的沟通,对于一个企业来说,是何等的重要。

6.2.1 如何与上级沟通

我们每个人不可能都成为领导,但是几乎每个人都会成为下属。和自己的顶头上司打交道,是自己日常工作的重点,沟通的效果既体现你的沟通能力,也影响你的发展前景,因此,如何与上司沟通要引起高度重视。

一、尊重上级,是你和上级沟通的前提

当你满足了上级对于尊重的需要时,你同样会得到很好的回报。当然尊重不等于盲目地顺从。这里的尊重,主要是内心的敬重,来源于思想上的一致、情感上的共鸣及对领导言行、品格、作风和处事方式的认可。而顺从上级反映的是下属不健康的心态,传递的是下属对上级的迎合和奉承,体现的是人与人关系的不平等,实质上是对上级的不尊重。

二、踏实搞好本职工作,是与上级沟通的基础

无论你从事什么工作,都应该兢兢业业、踏踏实实地做好本职工作。有的人常在上级面前夸夸其谈、言过其实,特别喜欢在上级面前表现自己,这些只能获得上级暂时的信任,很快就会感到你"华而不实"。

三、摆正位置,领悟意图是与上级沟通的根本

不要过分表现自己,突出自己,更不要张扬自己帮助上级做了什么。与上级打交道,要能够领悟上级的意图,上级要你做什么,要你怎样做,相互之间应该有默契,有时一个手势、一个眼色,都能够心领神会。

四、树立与上司主动沟通的意识：多请示、勤汇报

上级的工作往往比较繁忙，无法顾及方方面面，保持主动与上级沟通的意识十分重要。聪明的下属知道，每次作出部署、决定，都要先请示，得到上级的首肯。不仅完成任务后要汇报，而且工作进行到一定程度也要汇报，出现了任何情况也要汇报。汇报可以让上级了解你的工作，得到上级的肯定与支持，才可能得到上级的器重和更多的发展机会。

五、灵活变通，让自己的想法被上级接受

即使你的意见是正确的，最好采取引导、试探、征询的方式说出来，这样更容易被上级采纳。在许多时候，仅仅引导、提供资料、提出建议就足够了，其中所蕴含的结论，最好让上级自己去定夺。同时，聪明的下属往往会提出多种不同的方案，供上级从中做出选择。

六、必要时也要说"不"

在日常工作中，你要积极响应上级的号召，自觉配合上级工作，但的确也会有一些情形，必须要对上级说"不"。比如，上级安排的工作超出了自己的能力，无论如何努力都完成不了；上级做出错误的决定，可能会严重损害个人或者团体的利益；上级要求你做违背自己的原则和良心的事——面对这些问题，必须对上级说"不"，不要勉强答应，以免陷入更大的困境。尽量促成与上级单独沟通的机会，在拒绝上级意见的时候一定要给上级一个台阶或者一个备选方案，让上级有台阶下或者有选择。

总之，与上级经常进行富有艺术性的沟通，可以帮你建立一个融洽、和谐的工作环境，这也是事业取得成功的必要条件。

机智的丰后守

日本的德川家光将军（1604—1651）在一次打猎回来之后，便开始洗澡。负责洗澡间专门替将军冲水的门下，误把滚烫的热水浇在了家光的身上，顷刻之间就把家光的皮肤烫得通红。

此时的家光十分愤怒，根本就不理睬吓得不知所措、正跪在地上一直求饶的部下，他愤怒地回到了自己的房间，立刻把总管家阿部丰后守叫来了，并且下令说："那个替

我冲水的人，简直混蛋，立即判处他死罪！"丰后守也没有什么办法，只能听命从事。

如果是以前，丰后守会退下去办事，可是这一次他却退到侍从的房间，向家光的贴身侍从们说："等将军的情绪、心情好一点的时候，请通知我一下。"然后他才退下去。

家光将军到了晚上，用过晚餐，他的情绪平静了一些，心情也好多了。于是，谈起白天去打猎的趣事和感想，开始有了笑容。在场的侍从们马上和丰后守说："将军的心情好多了，现在的情绪看起来好了很多。"

丰后守听了侍从们的话之后，立刻去会见家光，说："刚才主公曾经指示，处罚那个冲洗澡水的人，在下一时疏忽，没有记清楚是什么内容，非常抱歉，敢请主公重新做出指导，到底应该如何处置眼前的这个人？"

面对丰后守提出的问题，家光将军并没有马上回答，而是盯着他，想了一会儿之后才说："那个人由于不小心，而犯了严重的过错，我看判处他流放外岛好了。"丰后守受到家光的指示后，回答一声："是，遵办。"便退下去了。

丰后守一退下，在家光将军身边的贴身侍从们，把这件事情当作饭后的话题说："最初，我们听到将军的指示是'判处他死罪'，管家阿部丰后守也的确说过：'是，遵办'，然后他就下去了。可是他好像忘了，连阿部丰后守也会忘了将军的指导，那么假如我们有时候忘了，也是不得已的。"

家光将军在听了侍从们聊天之后，笑了一下说道："阿部丰后守这个老人怎么会忘？他记得才清楚呢。判处死刑，需要格外慎重，他明知做出这个决定十分重要，却故意说他忘了。他实际上是想提醒我重新考虑，收回成命，只是没有明说罢了。所以我也只好打消当初的念头，把这个人的罪刑由死刑改为流放外岛之刑。他考虑得真周到。我因一时冲动而开口大叫判处死罪，现在倒觉得很惭愧。"他的侍从们听了全都说不出一句话来。从此之后，阿部丰后守的声誉也由这件事情而大为提高。

6.2.2 如何与同事沟通

俗话说得好，一个好汉三个帮。在职场，一个人想获得成功，要靠集体的力量，没有他人的理解和工作中的配合，事业是很难成功的。因此，与同事沟通对一个职场中人来说是成功的关键因素。但是经常会听到有人抱怨同事关系处得不好，其实和同事相处是一门学问。

一、要以诚相待

真诚是人与人相处的基础，沟通的有效性在于真诚。对方认可了你的真诚，沟通才有了良好的基础。在办公室里无论是什么样的同事，你都应该平等对待，互学互助，建立起和谐的工作关系。

二、要学会尊重同事

有效的沟通必须做到尊重和理解，不是所有的沟通都能使双方达成共识，出现意见分歧、观点对立是常有的事，重要的是要尊重和理解。

三、对同事要宽容

宽容就是尊重个性，不能强求一律。要学会积极主动地适应别人的性格特点；容忍别人有和你不同的见解和感受，体谅别人的处境；在心理上接纳别人，学会欣赏别人。只有你欣赏别人，别人才会欣赏你。

四、灵活表达观点

和同事意见相左，或看到同事有明显的错误或缺点，如果无伤大雅，无关原则，大可忽视，不必斤斤计较。即使确有必要指出，也要考虑时间、地点和对象的接受能力，委婉指出。如果过于直率，即使你实话实说，也不会受到欢迎，并可能给自己带来麻烦。

五、赞美常挂嘴边

同事的进步，要适时关注，适当赞美，同事的微小变化也要注意发现。要时常面带微笑，对他们微笑本身就是一种赞美。微笑着向同事问好，情绪是会感染他人的，只有这样，别人才愿意与你交往。

六、务必要少争多让

不要和同事去争什么荣誉，这是最伤害人的。你帮助同事获得荣誉，同事就会感激你的功绩和大度，更重要的是增添了你的人格魅力。要远离争论，对一些非原则性的问题，切忌去争什么你输我赢。

七、与同事勤联络

在与同事交往中，可能会有相处下来比较要好的，则无形中形成了自己的交际圈。在激烈竞争的现实社会中，空闲的时候给同事打个电话、写封信、发封电子邮件，哪怕只是片言只语，同事也会心存善意。

与同事沟通的忌讳：切忌背后打小报告；切忌将所有责任背上身；和同事交朋友一定要慎重。

职场需要委婉的表达

刘小姐工作多年了,遇到了各种事情,但是她经常得罪人。原因是她的心里搁不住事情,有什么就说什么,从不会隐瞒自己的观点。

有的同事把茶水倒在纸篓里,弄得满地都是水,她会叫他不要这样做;有的同事在办公室里抽烟,她会很反感,请他出去抽;有的人爱没完没了地打电话,她就告诉他不要随便浪费公司的资源……她这样做是好心,因为上述情况如果让经理看见了,免不了会受到批评。

可是,好心没好报,她这样做的结果是把同事们都得罪了。每个人都对她有一大堆意见,甚至大伙一起去郊外游玩也故意不叫上她。有一次她实在很生气,就向经理反映,没想到经理也没有对她表示认同,弄得她在公司里更加被动。她很想不通,明明我实话实说,为什么结局会这样呢?难道做人就一定要虚伪吗?

实话实说本身并没有错,心胸坦荡、为人正直是许多人都赞赏的美德,但实话实说也要考虑时间、地点、对象及他人的接受能力;否则不但无法达到善意的初衷,而且会给自己带来麻烦。

6.2.3 如何与客户沟通

只有与客户进行有效的沟通,才能发现客户需求,为客户提供优质高效的服务,更好地推销产品。在眼下利润越来越薄、竞争越来越激烈的时代,企业要想发展,不光是职业经理人或者销售人员,甚至企业内的普通员工,都要努力提升与客户沟通的水平。

与客户沟通要把握好三个环节:了解客户、触动客户、维系客户。

一、了解客户

通过倾听来了解。学会倾听,不仅仅是听客户说话的内容,更重要的是在与客户沟通的过程中,体会客户说话的原因(目的),客户是如何表达的(语音语调),听上去的感觉(词语的选择),说话的时机(与接收者的心理活动有关),以及在话被说出来的时候看上去的感觉及内心的感觉,等等。

通过提问来了解。和客户交谈,尤其是在推销自己的产品时,要学会提问。提问是一门非常有趣的学问,要善于提问,不能一味地向客户推销,这样会打击客户的购买欲望。同时,问题要问得好,提到点子上。

二、触动客户

赞美认同与关怀感恩。赞美顾客一定要诚恳。顾客对真诚的赞美是不会拒绝的。顾客是上帝,在与顾客的沟通中要自始至终表现出热忱的欢迎和诚挚的感谢。

描绘美好未来与唤起眼前危机。在和客户沟通的过程中,你要强调假如顾客买了产品以后可以带来的好处和利益,以及假如顾客不买产品所带来的坏处和损失,尽可能描绘得具体、详细些。

苦练内功,推销自己。有人说,三流的推销员推销产品,二流的推销员推销公司,一流的推销员不仅推销产品,推销公司,更重要的是推销自己。

对症下药,因人而异。要根据不同客户的特点、个性,采取不同的沟通方法。

三、维系客户

搜集客户信息,建立客户档案。从第一次和客户接触时就要有意识地搜集客户基本资料,然后不断地完善。客户档案一般包含这样的信息:客户的姓名、性别、年龄、生日、工作单位、联系方式、兴趣爱好、体质类型、健康状态等;每一次商谈的内容,购买的产品、规格、数量,消费记录,投诉记录等。

采用多种方式,与客户联系。有的时候,一张小小的卡片,一个祝福的电话,一个联络的邮件,一个小礼物,都可以帮助你维系与客户的关系。与客户接触联系的方法主要有:登门拜访、电话沟通、信件沟通、网络沟通等。

沟通模拟——与程先生谈谈

品管部的程先生的工作热情和工作效率一直都很高,每次都能圆满地完成工作任务,上级对其非常放心,并给予了很高的评价。上个月上级给他分配了一项新的工作,认为他完全有能力胜任这项工作。但是,程先生的表现却令人失望,上班时经常打私人电话,还犯了一些低级错误,并且心神不定,影响了工作。上级请程先生10分钟后到其办公室来谈谈。

(1) 如果你是上级,你将如何与程先生沟通?
(2) 由两名学生分别扮演上级和程先生,进行5分钟的沟通。

6.3 职业沟通的关键能力素质

6.3.1 沟通交流能力

沟通交流能力是指个体在事实、情感、价值取向和意见观点等方面采用有效且适当的方法与对方进行沟通和交流的本领。沟通交流能力是现代职业人职业核心能力之一。

一、沟通交流能力的内涵

1. 理解能力

在沟通中,理解是辨识、组织和理解互动情境的能力。我们在沟通的场景中会观察到对方的各种变化。从言语、姿态、表情中敏锐地捕捉细微的信息,都需要在日常对话中磨炼。在感知他人的情绪和态度的过程中,同时评估沟通的情境。例如,当下的场景是工作场合还是私人场合,正式场合还是非正式场合。

2. 角色能力

角色能力是指扮演社会角色,遵守社会准则,做出符合角色的恰当行为,表达恰当的语言的能力。这种能力也是环境适应的能力。换句话说,沟通时自己的定位要鲜明。打个比方,如果是以权威者定位时,你就会发现语言中的肯定句式多,而且很少出现疑问句。

3. 自我能力

自我能力是指选择和表现理想自我形象的能力。我们常说沟通中坦诚相待、真实不做作,这就需要合适而不是过分地自我揭露。清楚明确在一定情境中你想怎样表现自己,比如在面试中要表现出在专业能力上的自信心,而不是胆小恐惧的模样。你对自己的想象力就在不断调整、塑造着你的语言和沟通行为。

4. 目标能力

目标能力是指设定目标、预期结果和选择有效行为,采用最佳的方式实现目标的能力。沟通是有目的的。这种讲法可能会让人产生误解,那么闲谈聊天呢?其实,人际交往中的沟通也有着潜在的目标。我们和朋友的交流目的是建立更好的关系,或者了解对方。而在工作场合中的沟通是为了解决问题、商讨最佳方案、达成合作的目的。在沟通之前先思考是为了什么而沟通,沟通中采取怎样的方式调整改进,直至达成它。

5. 信息能力

信息能力是指把思想"编码"为其他人能够理解和反应的具体信息的能力。这就是表达的前置能力。但信息能力更重视的是如何转换，也就是把抽象复杂的东西变成非常具体的展示，主要通过言语、非言语和关系行为得以展现。

- 言语能力：运用词语、词组和其他语言策略的能力。
- 非言语能力：运用手势、音乐、语调和其他非言语编码的能力。
- 关系行为能力：快速加工能传递所渴望的（人际）关系类型的信息的能力。

提升沟通能力最好的方法就是反复地练习与他人一对一的交流。根据不同的场景，有意识地去构建、完善这五种沟通能力。

赞美 + 激励 = 成交

在一个家装用品店里，一个顾客在一款地砖面前驻留了很久。导购走过去对顾客说："您的眼光真好，这款地砖是我们公司的主打产品，也是上个月的销售冠军。"

顾客问道："多少钱一块啊？"

导购说："这款瓷砖，折后的价格是110元一块。"

顾客说："有点贵，还能便宜些吗？"

导购说："东方绿洲应该是市里很不错的楼盘了，听说小区的绿化非常漂亮，而且室内的格局都非常不错，交通也很方便。买这么好的地方，我看就不用在乎多几个钱了吧？不过我们近期正在对东方绿洲和威尼斯城这两个楼盘做一个促销活动，这次还真能给您一个团购价的优惠。"

顾客兴奋地说："可是我现在还没有拿到钥匙呢。没有具体的面积怎么办呢？"

导购说："您要是现在就提货还优惠不成呢，我们按规定要达到20户以上才能享受优惠，今天加上您这一单才16户，还差4户。不过，您可以先交定金，我给您标上团购，等您面积出来了，再告诉我具体面积和数量。"

这样，顾客提前交了定金，两周之后，这个订单就算搞定了。

首先，这位导购善于赞美："您的眼光真好，这款瓷砖是我们公司的主打产品，也是上个月的销售冠军。"再看后面的部分："东方绿洲应该是市里很不错的楼盘了，听说小区的绿化非常漂亮，而且室内的格局都非常不错，交通也很方便。"这位导购先赞美顾客购买的小区是非常的漂亮，再告诉客户不该省钱，让客户感觉住这么好的小区再谈价钱有点惭愧。然后告诉客户我们正在做促销，但没有马上给顾客团购的价格，而是故意让顾客有得到这种折扣有点"来之不易"的感觉，只有来之不易的东西，才能够让人们珍惜，这就是一种超值的心理感受。

二、沟通交流能力的特征

沟通交流能力的行为特征如表 6-1 所示,沟通交流能力的分级定义如表 6-2 所示。

表 6-1 沟通交流能力的行为特征

能力素质	具备此能力素质的行为特征	不充分具备此能力素质的行为特征
沟通交流能力	1. 以合理的论据、数据和明白无误的沟通来影响他人 2. 针对不同的听众对象,调整沟通的方式和方法 3. 努力与他人建立融洽的关系,取得他人的支持和认同 4. 能够站在不同的立场思考问题,运用换位思考获得双赢的结果	1. 提出的想法或项目经常得不到支持 2. 不重视别人可能做出的贡献 3. 只有一种说话方式,无论针对什么样的沟通对象 4. 沟通问题仅考虑到自己怎样获得胜利,无法采用双赢的思考问题的方式

表 6-2 沟通交流能力的分级定义

能力素质	分级	行为表现
沟通交流能力	1 级	1. 谈话中,不善于抓住谈话的中心议题 2. 表达自己的思想、观点不够简洁、清晰 3. 在沟通过程中以自我为中心,缺乏对他人应有的尊重 4. 在沟通中,能够基本理解、使用日常专业和非专业词汇
	2 级	1. 能以开放、真诚的方式接收和传递信息 2. 了解交流的重点,并通过书面或口头的形式,用清楚的理由和事实表达主要观点 3. 尊重他人,能在倾听别人的意见、观点的同时适时地给予反馈 4. 在沟通中,能够理解、使用日常专业和非专业词汇
	3 级	1. 沟通时语言清晰、简洁、客观,且切中要害 2. 能够针对不同听众调整适当的语言和表达方式以取得一致性结论 3. 能拓展并保持广泛的人际网络 4. 熟练掌握专业和非专业词汇,能够阅读、理解相关外文资讯

三、提高沟通交流的能力

沟通交流是工作和家庭生活中必不可少的部分。如何提高沟通交流能力?提高沟通交流能力的方法有哪些?下面整理了提高沟通交流能力的几种方法。

1. 心怀感激

在进入谈话主题之前,一定要首先感谢其他人,礼貌尊重和体谅周到是很重要的。当然,他们的认可或所做的任何积极贡献也同样重要。感激和赞扬对建立良好的关系是大有帮助的。

2. 找共同的交集

如果可能的话，找出个人层次的交集点所在。即使在职场，也会有个人兴趣的共同点，如兴趣爱好、体育运动、关于孩子的话题，等等。要注意避开一些诸如政治倾向或宗教信仰的能引起争论的话题。

3. 保持积极的心态

保持一种积极的态度对产生富有成效的沟通交流是至关重要的。要积极向上而不是消极或抱怨。当人们觉得自己受到攻击或批评的时候，就会立即停止所有的沟通、交流。

4. 注意说话的语气

即便是为了证明你的观点正确，想得到公认，语言也不要带有攻击性。不满、对抗的语气是不会奏效的。既要坚定、直接，也要沉着、和谐。

5. 注重结果

在开始沟通交流之前，要弄清你自己想达到什么样的结果，这是很重要的。目标明确有助于你在谈话中占主动和保持清醒。

6. 倾听

要注意倾听对方讲话，不要插话。没有人喜欢讲话被打断，在别人看来，插话是很不尊重人的行为。要尽量站在他人的角度思考问题。

7. 注意肢体语言

留心身体语言。如果缺少目光交流、注意力分散或者显得烦躁不安都会表明对方已没有耐心。当你在谈话交流中对方出现这些肢体信号了，表明这次谈话交流是没有多大效果的，应尽快结束谈话、推迟交流。如果双方关系程度较密的话，可以询问对方是不是身体不舒服。

8. 请求反馈互动

要确保双方经沟通交流后能互相理解。我们通常自认为我们已经达成一致、取得共识了，结果发现我们完全误解了对方的想法了。要寻求意见和反馈。这不仅确定你已经沟通交流成功了，而且还让对方感觉到他们确实被认真倾听和理解了。

9. 跟进落实

关于要采取什么样的行动和建立责任关系都要心中有数。要确认截止日期、责任和期望。如果可以，把有关协议的文件记录下来。对下一步会发生什么事情做到心中有数，这样有助于避免之后的冲突。

要尽量以友善亲切的方式结束谈话。要再次致谢并尽量让别人觉得他们被理解和重视。富有成效的沟通交流，包括尊重、体谅、认知和透明。既直率友善，又能达到你想要的结果是有可能的。

面试实例一

一

面试官：你认为怎样的沟通才是有效的沟通？

问题分析：这是考查应聘者的沟通交流能力。现在越来越多的企业都重视应聘者的沟通交流能力，尤其是服务类、管理、市场营销及文秘等岗位，对于沟通交流能力有着特殊的要求。

应聘者：我认为有效的沟通必须具备以下三点：第一，沟通要有理有据，在和别人沟通之前要收集合理的事实和数据来支持自己，并且要进行合理、准确地沟通，注意自己的态度；第二，要因人而异，要根据他们的特点采取不同的沟通方法和手段；第三，要学会换位思考，人常常会站在自己的立场去看问题，只考虑自己的利益和损失而忽视了别人的感受，我们需要学会站在别人的立场看问题，这样才能达到双赢的效果。

点评：这个应聘者的思路很清晰、很有逻辑性，从沟通交流能力三个方面的表现中抓住了沟通的本质，全面反映了自己是一个了解沟通内涵并且会沟通的人。

二

面试官：您认为公司里的上、下级之间应该怎样交往？

问题分析：通过这个问题，面试官可以了解应聘者在企业等级结构中的沟通方式。通过回答这个问题，应聘者可以展示自己在复杂领域工作的沟通能力和技巧。

应聘者：我认为，能在企业各个层面上顺畅地进行交流，这对企业的生存和发展至关重要。我感觉自己在这个方面已经培养了比较强的能力，从上、下级关系来说，最重要的是应该意识到每个人及每种关系都是不同的，在交流过程中应当抛开个人喜好，完全从工作角度出发，而且在与上、下级同事交流的过程中一定要注意对方的性格特点，尽量以对方可以接受的方式进行沟通，以达到最好的沟通效果。

点评：这样的回答表明该应聘者能够理解人际关系的复杂性和多样性，能够从工作的角度出发进行交流，应聘者明确地表达了沟通交流需要技巧，也需要换位思考，充分展现了自己在沟通交流方面的能力和自信。

6.3.2 客户服务能力

客户服务，是指一种以客户为导向的价值观，它整合及管理了预先设定的最优成本——服务组合中的客户界面的所有要素。任何能提高客户满意度的内容都属于客户服务的范围之内。客户服务能力，就是指全心全意服务于客户，为其解决问题并提供超值服务的能力。

一、客户服务能力的内涵

1. 良好的语言表达能力

良好的语言表达能力是实现与客户有效沟通的必要基础。

2. 熟练的专业技能

熟练的专业技能是客户服务人员的必修课。每个企业的客户服务人员都需要学习多方面的专业技能。

3. 具备良好的人际关系沟通能力

客户服务人员具备良好的人际关系沟通能力，跟客户之间的交往会变得更顺畅。

4. 优雅的形体语言表达技巧

掌握优雅的形体语言表达技巧，能体现出客户服务人员的专业素质。优雅的形体语言表达技巧指的是一个人的气质，内在的气质会通过外在形象表现出来。举手投足、说话方式、笑容都表现出你是不是一个专业的客户服务人员。

5. 丰富的行业知识及经验

丰富的行业知识及经验是解决客户问题的必备武器。不管做哪个行业，都需要具备专业知识和经验。不仅能跟客户沟通，而且要成为掌握产品知识的专家，能够解释客户提出的相关问题。如果客户服务人员不能成为业内人士，不是专业人才，有些问题可能就解决不了。而客户最希望得到的就是服务人员的帮助。因此，客户服务人员要有很丰富的行业知识和经验。

6. 良好的倾听能力

良好的倾听能力是实现与客户有效沟通的必要保障。

7. 具备专业的客户服务电话接听技巧

专业的客户服务电话接听技巧是客户服务人员的另一项重要技能。客户服务人员必须掌握怎么接客户服务电话、怎么提问等方面的内容。

8. 思维敏捷，具备对客户心理活动的洞察力

对客户心理活动的洞察力是做好客户服务工作的关键所在。思维要敏捷，要具备对客户的洞察力，洞察顾客的心理活动，这是对客户服务人员技能素质的起码要求。

二、客户服务能力的行为特征和分级定义

客户服务能力的行为特征如表6-3所示，客户服务能力的分级定义如表6-4所示。

表 6-3　客户服务能力的行为特征

能力素质	具备此能力素质的行为特征	不充分具备此能力素质的行为特征
客户服务能力	1. 清晰了解客户的需求，并主动为客户提供服务及其他有用信息 2. 迅速及时地解决客户的问题，不推卸责任，不拖延，即使不是自己的过错造成的问题，也能立即采取行动解决问题，而不是先追究责任 3. 能就如何提高客户满意度提出可行性建议，发掘超出客户期望的服务机会	1. 漠视客户需求，或者必须客户反复要求才愿意提供帮助 2. 拖延客户所面对的问题，或者因为并非自己的过错而推卸责任，不首先帮助客户解决问题 3. 只求完成客户服务的基本工作，没有让自己的服务超出客户期望的意愿和建议

表 6-4　客户服务能力的分级定义

能力素质	级别	行为表现
客户服务能力	1 级	1. 耐心倾听客户的咨询、要求和抱怨，及时回应客户的要求，解决常规性的客户问题 2. 与客户保持沟通，当客户需要帮助的时候可以随时取得联系，关注客户的满意度，提供对客户有帮助的信息
	2 级	1. 把客户的明确需求看成是自己的工作任务，为此投入时间和精力去做工作 2. 当常规产品和服务不能满足客户需要时，为客户提供个性化的产品和服务，尽可能快速准确地解决客户问题 3. 关注和了解客户的潜在需求，致力于开发符合客户需求的产品和服务
	3 级	1. 担任客户的顾问角色，针对客户的需求、问题，提出自己独立的观点，并采取行动解决问题，积极参与，帮助客户进行决策 2. 为客户寻找长期利益，能够采取具体的措施为客户提供增值服务，并借此成功取信于客户

三、客户服务人员的素养

1. 心理素质要求

① 具有"处变不惊"的应变力。

② 具有承受挫折打击的承受能力。

③ 具有情绪的自我掌控及调节能力。

④ 具有满负荷情感付出的支持能力。

⑤ 具有积极进取、永不言败的良好心态。

2. 品格素质要求

① 忍耐与宽容是优秀客户服务人员的一种美德。

② 不轻易承诺，说了就要做到。

③ 勇于承担责任。

④ 拥有博爱之心，真诚对待每一个人。

⑤ 谦虚是做好客户服务工作的要素之一。

⑥ 具有强烈的集体荣誉感。

3. 综合素质要求

① 具有"客户至上"的服务观念。

② 具有能独立处理工作的能力。

③ 具有分析、解决问题的能力。

④ 具有人际关系的协调能力。

一

面试官：假如你是一名客户服务人员，接到一名客户的投诉电话，他半个月前购买的产品突然出现了问题而无法使用了，要求更换，可是根据企业的规定，产品只有在购买日10天内提供更换，过期则不予更换，这时你会怎样处理？

问题分析：这是一道角色扮演类的题目，面试官旨在考查应聘者的沟通能力及服务意识，是否能站在他人的角度考虑问题，是否能真诚地为他人着想，是否能为他人提供更好的服务。

应聘者：首先我会站在他的角度看待整件事情，对他的情况表示关心、同情和体谅，为我们以后的沟通营造一个良好、融洽的氛围。然后我会婉转地告诉他公司的有关规定，请他体谅我的难处，我个人无权因为他而破坏公司的规定。但是为了能更好地提供我们的服务，我们可以免费为他调换产品出问题的零件。最后，我会为这位客户进行服务跟踪，定期了解产品的使用情况，为他提供及时的人性化服务。

点评：首先，该应聘者并没有一开始就推卸自己的责任，而是利用换位思考，从客户的立场出发来看待问题，从而获得了一种融洽的沟通氛围，这是很可贵的，有了好的氛围才能保证有效沟通的进行。其次，员工有义务维护公司的规章制度，在维护原则的基础上适当地进行变通，既维护了公司的利益，也维护了客户的利益，从而达到了双赢。

二

面试官：作为门店经理，你认为什么是真正好的客服质量？

问题分析：通过这个问题，面试官可以了解应聘者对客户服务重要性的认识，同时，也能掌握应聘者对提高客服质量的想法，应聘者可以通过具体事例进行阐述，这样可以更好地达到面试官的要求。

应聘者：首先，我要求营业员必须向顾客清晰、准确地介绍产品，避免客户错误购买。门店、企业需要长远的发展，要有稳定的客户群体支持。而这个群体来自完美的服务。其次，我绝对禁止营业员在顾客面前推卸责任。例如，顾客由于错购了某项产品，提出疑问，而其他营业员则由于未经手而推卸责任。这样的服务态度我坚决反对，因为顾客面对的是整个门店、整个企业，而不是一个营业员。每个人都有义务去为顾客解决问题，否则有损整个门店的形象。我想我能够站在顾客的角度，为顾客着想，及时、准确地提供服务，甚至能让顾客感到超值，这才是真正好的服务方式，也只有这样，才能确保客服的质量。

点评：该应聘者针对门店的客户服务方式给出了自己的观点，强调了客户所认识的是整个门店而不是单一的某个人，每个员工都有为客户服务以维护门店利益的义务。同时，该应聘者也明确给出了维护服务质量的要点，让面试官觉得他是一个很能抓住重点、对客户服务非常重视的人。在面对顾客的质疑时，该应聘者以解决顾客问题为先，而不支持先追究责任的做法，这是十分成熟的处理危机问题的方法，目的性明确。

训练活动

1. 反复练习自己的非言语沟通方式，记录练习前和练习后的变化，并做对比，向身边人展示你的练习成果，并记录反馈意见。

2. 搜索并记录适合作为沟通开始的话题，并针对这些主题储备话题信息，以备随时与他人开展沟通交流。

【思考题】

1. 上、下级之间应该怎样交往？
2. 你认为如何才能留住客户？

第七讲　规划职业生涯

众所周知，一次旅行，要玩得快乐、安全、顺利，必须要做好详尽的规划，要考虑到所有的可能性，并做好充分的准备。对于高职学生的大学生涯，这个人生极其重要的旅行，我们又会有多少人是没有经过任何筹划就上路了呢？

如同规划旅行一样，规划职业生涯就是一个人尽其可能地规划未来生涯发展的历程，在考虑个人的智能、性格取向、价值，以及阻力、助力的前提下，做好妥善的安排，并借此调整、摆正自己的位置，以期自己能适得其所。

7.1　职业生涯决策

职业怎么选？就业还是深造

小 z，女，22 岁，学历本科。

基本情况：上海某财经类大学毕业，专业为国际会计系。

同学评价：刻苦，有上进心，性格坚强，学习能力强。

个人职业目标：高级财务经理。

面临问题：收到英国某大学行政管理专业的录取通知书，同时收到普华永道的录用通知，做审计师，小 z 必须做出选择。先留学或先就业？

职业设计意见：先就业，去普华永道做审计师，然后再选择合适的机会出国深造。

设计理由：小 z 原本希望出国进修工商管理类课程，但国外大学对申请工商管理类专业的学生都有工作经验要求，所以最后只收到了行政管理专业的录取通知书。小 z 学会计，喜欢商务，对行政组织兴趣不大，若为能一时出国而放弃原有兴趣并不明智。专家认为：先工作或先出国其目的都是为了将来有更好的职业发展前景，违背个人兴趣和职业理想而求得一时出国，为出国而出国，从个人职业发展看并不可取。

从职业发展考虑，普华永道位列国际四大会计事务所之一，有完善的培训计划、良好的工作氛围、规范的工作机制，对职业技能发展大有好处，出国进修行政管理硕士一年课程之所获专业资历和在普华永道工作一年积累的技能相比，前者在职业市场上的价值未必比后者高。

普华永道是专业的国际性会计事务所，审计工作与小z大学所学专业基本对口，且小z勤奋刻苦，事业心强，意志坚定，加上名牌大学毕业生的综合素质，保证了小z在工作中必会有所表现。

从小z职业目标定位于高级财务经理一点看，小z具备会计专业学历资质和专业技能，但缺乏作为高级财务经理所必须具备的专业管理知识，小z希望学工商管理类课程的想法是正确的，为一时出国而放弃原本计划，并不合乎长远的职业发展。

国外工商管理类硕士课程要求申请者具备一定工作经历，小z先工作后出国，正合乎要求。且高级财务经理必须具备的另一个要素就是丰富的专业工作经历，所以，先工作，积累工作经历，也是在为职业理想做铺垫。

专家评点：小z在先就业与先出国之间面临选择，无论是先就业，还是先出国，最终的目的都是有更好的职业发展前景。到底是先出国更有利于将来职场发展，还是先就业更有利于职业发展，应该是每一个面临类似情况的毕业生都应该仔细考虑的问题。

职业生涯决策是指针对个人职业生涯发展的问题，经过严谨的思考和慎重的分析，对个人职业生涯发展进行规划与设计的过程。职业生涯决策有助于大学生坚定自己的目标，让自己朝着目标不断努力前进。

故事案例二

一个高职生的职业咨询案例

一名即将毕业的学生的叔叔给我打来电话，说侄女快毕业了，请我帮忙介绍一份工作，原因是她对现在的工作不太满意。细问才知道她竟然是我教过的学生，但我对她没什么印象。

我让该生直接与我联系，询问之后才知道，该生应学校安排去京东做分拣工作，但嫌工作累，已从京东离职，另找了一份电商客服的工作，收入2 000元，感觉收入较少，这种工作又不是长久之计，很焦虑，想找个好点的工作，但自己又没有途径，非常苦恼。

听完以上情况，我先问了她几个问题：你想找什么样的工作？你能做什么样的工作？回答都是"不知道"。我只好更具体地问下去："你对京东的工作哪方面不满意？"回答："太累了，每天从上午干到晚上。但收入还可以，也比较稳定。"我再问："那你对现在的工作有什么不满意的地方呢？"答："赚得少，而且感觉干不长久。"

我发现她比较在意的是"收入""稳定""轻松"，又再问道："你有什么样的专长，能做满足上述三项的工作呢？"她笑了，不好意思地说："我也没啥专长啊！"

那么我建议她首先要正确地认识自我，在没有能力胜任更好的工作时，贸然辞掉京东的工作是不理性的，至少京东满足她对"收入""稳定"两项要求，而且她的同学中也都没有找到既轻松收入又高的工作。

出现这样的情况，首先，她对自我没有一个准确的定位；其次，她对职业环境认识不足，物流行业是基础行业，累是肯定的，如果换一个行业，她又不具备相应的专业知识与技能。

所以我建议她：

① 正确认识自我，知道自己的兴趣、性格、能力，了解自己对职业的价值观，综合这些信息，判断哪些工作是适合自己的工作。

② 多与同学交流，看看和自己同一水平的人都在做什么。

③ 京东还会继续招人，与班级导师联系，争取回京东工作。

④ 如果嫌做物流累，想改行，可以通过专升本或培训学习新知识，但要先了解行业对人才的要求再做决定。

7.1.1 职业生涯决策风格

美国职业生涯专家斯科特（Scott）和布鲁斯（Bruce）于1995年认为决策风格是在后天的学习经验中逐渐形成的，将决策风格划分为五种类型：理智型、直觉型、依赖型、回避型和自发型。

一、理智型

以周全的探求、对选择的逻辑性评估为特征。理智型的决策者具备深思熟虑、分析逻辑的特性。这类决策者会评估决策的长期效用并以事实为基础做出决策。理智型决策风格是比较受到推崇的决策方式，强调综合全面地收集信息、理智地思考和冷静地分析判断，是其他决策风格的个体需要培养的一种良好的思考习惯。但理智型的决策风格也并不是理想的、完美的决策方式，即使采用系统的、逻辑的方式，也会出现因为害怕承担决策的后果而不能整合自己和重要他人观点的困扰。

二、直觉型

以依赖直觉和感觉为特征，比较关注内心的感受。直觉型的决策风格以自我判断为导向，在信息有限时能够快速做出决策，当发现错误时能迅速改变决策。由于以个人直觉而不是理性分析为基础，这类决策发生错误的可能性较大，因此，易造成决策不确定性，容易丧失信心。

三、依赖型

以寻求他人的指导和建议为特征。依赖型的决策者往往不能够承担自己做决策的责任，允许他人参与决策并共同分享决策成果，会受到他人的正面评价，但也可能因为简单地模仿他人的行为导致负面的反应。依赖型的决策者需要理解生活中重要他人对自己的影响程度。

四、回避型

以试图回避做出决策为特征。回避型的决策风格是一种拖延、不果断的方式。面对决策会产生焦虑，往往因为害怕做出错误决策而采取回避的反应。由于决策者不能承担做决策的责任，而倾向于不考虑未来的方向，不去做准备，不知道自己的目标，也不思考，更不寻求帮助。这样的决策者更容易受到学校等支持系统的忽略。所以，这些学生需要意识到自身的决策风格及其可能造成的危害，只有努力调整，增强职业生涯规划的意识和动机，才能从根本上得到帮助。

五、自发型

以渴望即刻、尽快完成决策为特征。自发型的个体往往不能够容忍决策的不确定性及由此带来的焦虑情绪。它是一种具有强烈即时性，并对快速做决策的过程有兴趣的决策风格。自发型决策者常会基于一时的冲动，在缺乏深思熟虑的情况下做出决策，此类决策者通常会给人果断或过于冲动的感觉。

7.1.2 职业生涯决策的方法

职业生涯决策是个人根据各种条件，并经过一系列活动以后，进行的目标决定，以及为实现目标而制订优选的个人行动方案。常见的职业生涯决策方法主要有：CASVE循环法、生涯决策平衡单法、SWOT分析法、5H法等。

一、CASVE 循环法

CASVE 循环是一种常用的职业生涯规划决策技术，包括沟通、分析、综合、评估和执行五个阶段，能够为个人或团体提供职业生涯规划的帮助（图7-1）。

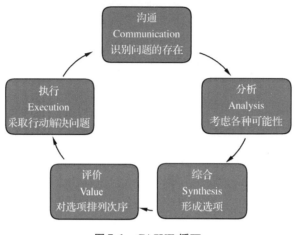

图7-1　CASVE循环

1. 沟通

在这个阶段，我们收到了关于职业理想与现实之间存在差距的信息。这些信息可能通过内部或外部交流途径传达给我们。内部沟通包括情绪信号，如不满、厌烦、焦虑和失望，还有身体信号，如昏昏欲睡、头痛、胃部疾病等。外部沟通包括父母对你的职业规划的询问，同事、朋友对你的职业评价，或者杂志上关于你的专业正在逐渐过时的文章，等等。

这是意识到自己需要做出选择的阶段。在这个阶段，我们通过各种感官和思考，充分接触问题，发觉存在差距，且已不容忽视。

2. 分析

在这个阶段，决策者需要花时间去思考、观察、研究，从而更充分地了解差距，了解自己有效地做出反应的能力。好的生涯决策者阻止用冲动行事来减小在沟通阶段所体验的压力或痛苦，因为他们知道，这是无效的，甚至可能令问题恶化。他们须弄清楚，要解决这个问题，我需要了解自己的哪些方面，了解环境的哪些方面，需要做些什么才能解决问题，为什么我有这样的感受，家庭会怎么看待我的选择，等等。

这是了解自己和各种选择的阶段。在这个阶段，生涯决策者通常会改善自我，不断了解职业世界和家庭需要。简单地说，在分析阶段，生涯决策者应尽可能了解造成在第一阶段发现差距的原因。

分析阶段还需要把各种因素和相关知识联系起来。例如，把自我知识和职业选择联系起来；把家庭和个人生活的需要融入职业选择中；等等。

3. 综合

在这个阶段，主要是综合和加工上一阶段提供的信息，从而制订消除差距的行动方案。其核心任务是，确定我可以做什么来解决问题。

这是一个扩大并缩小选择清单的过程。先尽可能多地找到消除差距的方法，发散地思考每一种办法，甚至采用"头脑风暴法"进行创造思维。然后缩小有效方法的数量，通常缩减到 3~5 个选项，我们头脑中最有效的记忆和工作容量就是这个数目。

4. 评估

在这个阶段，将对选择一个职业、一份工作或升学、服兵役等进行评估。

它的第一步是评估每一种选择对生涯决策者和他人的影响。例如，如果选择了服兵役，这一选择将会给自己、伴侣、父母等重要他人带来什么影响，每一种选择都要从对自己和对他人付出的代价和获得的益处两方面，并综合物质上和精神上的因素进行评价。

第二步就是对综合阶段得出的选项进行排序。将能够最好可消除差距的选项排在第一位，次好的排在第二位，依此类推。此时，职业规划决策者会选出一个最佳选项，并且做出承诺去实施这一选择。

5. 执行

这是实施选择的阶段，把思考转换为行动。很多人都觉得在执行阶段制订行动计划是令人兴奋的和有价值的，因为他们终于可以开始采取积极行动去解决问题了。

6. 再循环

CASVE 循环是一个不断重复的过程。在执行阶段之后，生涯决策者又回到沟通阶段，以确定已经做出的选择是不是最好的，是否能最有效地消除理想与现实间的差距。

CASVE 循环决策技术，无论是对解决个人职业规划问题还是解决团体问题都非常有用。用系统的方法思考这五个步骤，这能够提供一个有用的工具，使你成为一个更有效率的人。

二、决策平衡单法

"决策平衡单"（decision-making balance sheet）经常被应用于问题解决模式和职业咨询中，用以协助咨询者系统地分析每一个可能的选项，判断分别执行各选项的利弊得失，然后依据其在利弊得失上的加权计分排定各个选项的优先顺序，以执行最优先或偏好的选项。

1. 决策平衡单主体框架

① 个人物质方面的得失。

② 他人物质方面的得失。

③ 个人精神方面的得失。

④ 他人精神方面的得失。

2. 制作决策平衡单的步骤

① 列出你的职业决策考虑选项，如做销售、办公室工作、考研三个方案。

② 把三个方案填入平衡单的选择项目中。

③ 在第一栏职业决策考虑要素中，根据对你而言职业选择的重要性和迫切性，赋予它权数，加权范围为 1~5，填入"权数"一栏。权数越大，说明你越重视该要素。

④ 打分。根据每个方案中的要素进行打分，优势为得分，缺点为减分，计分范围为 1~10。

⑤ 计分方法。将每一项的得分和失分乘以权数，得到加权后的得分或失分，分别计算出总和，最后加权后的得分总和减去加权后的失分总和得出"得失差数"，并以此分数来做出最后的决定，即比较三个选择方案的得失差数，得分越大，该职业方案越适合你（表 7-1）。

表 7-1　决策平衡单

选择项目		重要性的权数（1~5）	选择一		选择二		选择三	
			+	-	+	-	+	-
个人物质方面的得失	1. 收入							
	2. 工作的难易程度							
	3. 升迁的机会							
	4. 工作环境的安全							
	5. 休闲时间							
	6. 生活变化							
	7. 对健康的影响							
	8. 就业机会							
	其他							
他人物质方面的得失	1. 家庭经济							
	2. 家庭地位							
	3. 与家人相处的时间							
	其他							
个人精神方面的得失	1. 生活方式的改变							
	2. 成就感							
	3. 自我实现的程度							
	4. 兴趣的满足							
	5. 挑战性							
	6. 社会声望的提高							
	其他							
他人精神方面的得失	1. 父母							
	2. 师长							
	3. 配偶							
	其他							
加权后合计								
加权后得失差数								

小敏的决策平衡单

基本情况：小敏，女，石家庄某大学的教育技术学专业三年级学生，性格外向，开朗活泼，喜欢与人交往，口头表达能力很强，是学院学生会干部，组织能力强。还有一年就要毕业了，她考虑自己的职业有三个发展方向：中学信息技术教师、市场销售总监、考取计算机专业硕士研究生。以下是她的具体想法：

（1）中学信息技术教师：小敏认为这个职业是她的本专业，存在着最大的专业优势，工作也比较稳定，但目前社会需求量并不大。

（2）市场销售总监：小敏希望用10年的时间能实现这个目标，认为这个职业符合自己的性格、兴趣，同时她也有利用暑期和课余时间兼职做过一些销售的经历，她认为可以利用自己的专业来帮助自己更好地做好销售工作。

（3）考取计算机专业的硕士研究生：小敏的父母都是高校的老师，他们希望小敏能够继续深造，以后到大学任计算机专业教师。但小敏认为虽然高校教师工作稳定，收入也高，但她不喜欢计算机专业的教学工作，且考研也有一定的困难。

表7-2是小敏利用决策平衡单做出的职业决策的结果。

表7-2 小敏的决策平衡单

选择项目		重要性的权数(1~5)	加权分数					
			中学信息技术教师		市场销售总监		考取计算机专业的硕士研究生	
			+	−	+	−	+	−
个人物质方面的得失	1. 符合自己的理想生活方式	5		3	9			5
	2. 适合自己的处境	4	8		9		7	
	3. 有较高的社会地位	3	5			3	9	
	4. 工作比较稳定	5	9			9	9	
	5.							
他人物质方面的得失	1. 优厚的经济报酬	4	5		8		9	
	2. 足够的社会资源	5	8		7		9	
	3.							
	4.							
	5.							

续表

选择项目		重要性的权数 (1~5)	加权分数					
			中学信息技术教师		市场销售总监		考取计算机专业的硕士研究生	
			+	−	+	−	+	−
个人精神方面的得失	1. 适合自己的能力	4	8		9		7	
	2. 适合自己的兴趣	5	5		9			8
	3. 适合自己的价值观	5	6		8		5	
	4. 适合自己的个性	4	7		9		6	
	5. 未来发展空间	5		3	8		9	
	6. 就业机会	4	3		8		9	
	7.							
他人精神方面的得失	1. 符合家人的期望	2	6		5		9	
	2. 与家人相处的时间	3	7		4		9	
	3.							
	4.							
	5.							
加权后合计			312	30	399	54	384	65
加权后得失差数			282		345		319	

小敏通过决策平衡单，得出的决策方案分别是：市场销售总监的得分＞考取计算机专业的硕士研究生（高校计算机专业教师）的得分＞中学信息技术教师的得分，综合平衡之后，市场销售总监较为符合小敏的职业生涯目标。在进行职业选择时，小敏最为看重的职业是：是否符合自己的兴趣、职业价值观，职业是否有发展空间，是否是自己的理想生活的需要等几个方面。

三、SWOT 分析法

SWOT 分析法来源于战略管理领域，通常是市场战略分析家们用来分析企业内部和外部环境、制定企业最终发展战略的一种方法。我们可以借用 SWOT 分析法进行个人的职业生涯决策。SWOT 是英文 strengths（优势）、weaknesses（劣势）、opportunities（机会）、threats（威胁）的缩写。

SWOT 分析法应用于职业生涯决策的过程中，是基于对个体自身的优势和劣势分析及对职业环境因素和可供选择职业的前景的分析，综合自身的优势和劣势，认清周围的职业环境和前景，从而做出正确的职业目标选择。

在进行 SWOT 分析时，可以采用多种方法来确定自身的优势和劣势、机会与威胁。

目前常用的是关键提问法，即连续不断地向自己提问，从答案中进一步了解自己。

例如：

① 优势分析：你曾经做过什么？你学习了什么？最成功的是什么？

② 劣势分析：性格的弱点；经验或经历中所欠缺的方面。

③ 机会分析：对社会大环境的分析；对自己选择企业的外部分析；人际关系分析。

④ 威胁分析：技术和市场的变化、政府政策的改动，以及社会形态、人口状况、人们生活方式的变化是否会给我们带来机会和潜在的危险。

另外，我们要重视对自己学业、专业和职业进行分析。学业是职业发展的基础，根据自己的能力与专业来选择自己的职业，确立职业目标。要清楚地认识自己，对自己的专业和职业进行完美组合，处理好专业和职业的五种关系：专业包容职业、以专业为核心、专业与职业部分重合、专业与职业相切、专业与职业分离。作为高职在校生，常见的分析思路如表7-3所示。

表7-3 职业生涯决策中的SWOT矩阵

		机会（Opportunities）	威胁（Threats）
内部环境分析		指个体不可控但可利用的外部积极因素，如社会提供的就业机会，增加再教育的机会，专业领域急需人才，专业晋升的机会，专业发展带来的机会，职业生涯中的特殊机遇，地理位置优势，广泛的人际关系网络	指个体不可控但可以使其弱化的外部消极因素，如社会提供的就业机会减少，同专业大学毕业生带来的竞争，名牌大学毕业生带来的竞争，具有丰富工作经验、熟练专业技能的竞争者，缺少培训带来的职业发展障碍，工作晋升机会有限或竞争激烈，专业领域发展有限，企业不再招聘与你学历、专业相同的员工
外部环境分析	优势（Strengths）	优势机会策略（SO）	优势威胁策略（ST）
	指个体可控且可利用的内在积极因素，如工作经验、教育背景、丰富的专业知识和技能、特定的和可转移的技巧（如沟通、团队合作、领导能力）、人格特质（如自我约束力、创造力、承受工作压力的能力、乐观精神等）、在专业组织中的影响力	SO策略：依靠内部优势，利用外部机会	ST策略：利用内部优势，规避外部威胁
	劣势（Weaknesses）	劣势机会策略（WO）	劣势威胁策略（WT）
	指个体可控且可以改善的内在消极因素，如缺乏工作经验，学习成绩差，专业不对口，缺乏目标，对自我认识和对工作的认识都不足，缺乏专业知识，较差的人际交往能力、沟通能力、团队合作能力、领导能力，负面的人格特征（如职业道德败坏、缺乏自律、缺少工作动机、情绪化等）	WO策略：利用外部机会，弥补内部劣势	WT策略：减少内部劣势，规避外部威胁

故事案例四

市场营销专业某学生 SWOT 分析

一名高职市场营销专业的男生,在校期间担任学生会干部,有一定的写作能力,曾获得学院征文比赛二等奖,获取了营销师中级证书、普通话二级乙等证书、全国计算机等级考试二级证书等,能吃苦,但是他做事不够稳重,对于不感兴趣的事情很难充满热情地投入去做,而且没有真正的工作经历,唯一的实践经历是三年级时在一家中型电子公司的市场部门实习了半年。现在他想谋取一份从事市场策划类的工作。

决策过程:根据 SWOT 分析法,我们可以帮助该学生进行自身优势、劣势分析及周围职业环境的机会、威胁分析。然后在这些分析结果的基础上制定出各种相关策略,整合后最终确定这名学生应该先谋取一份中小型企业的市场营销与策划部门的工作。

该同学的 SWOT 分析过程如表 7-4 所示。

表 7-4 案例的 SWOT 分析

	机会(Opportunities)	威胁(Threats)
内部环境分析	1. 策划作为第三产业中新兴的行业,越来越被各行各业的各个企业所重视,在企业营销运作中扮演着不可或缺的角色,发展前景广阔 2. 中小企业的迅速发展对市场营销策划类人才求贤若渴,高薪招聘 3. 目前仅市场营销、管理等少数专业,对策划有所涉及	1. 企业对策划类人才要求高:需要靠多年的行业内打拼和知识、经验的积累,懂市场、懂行业知识,点子多,会写作,口头表达能力强 2. 来自本科及以上学历人才的竞争压力
	优势(Strengths)	优势机会策略(SO)	优势威胁策略(ST)
外部环境分析	1. 具有市场营销的知识背景 2. 中型电子公司市场部门半年的实习经历 3. 丰富的学生干部和学生社团组织工作经历 4. 口头表达及语言组织能力强,具有一定的写作能力 5. 对营销策划类工作充满兴趣,并自信有能力胜任这份工作	1. 在市场营销知识背景基础上继续学习营销策划知识与方法 2. 发挥丰富的学生干部和学生社团组织工作所积累的经验和特长 3. 继续加强自己在文书写作、计算机等方面的优势	1. 强调市场营销的专业背景优势 2. 强调中型电子公司半年的实习经历 3. 强调较强的学习能力和适应力

续表

	劣势（Weaknesses）	劣势机会策略（WO）	劣势威胁策略（WT）
外部环境分析（OT）	1. 没有丰富的工作经验 2. 做事不稳重 3. 招聘竞争中没有学历优势	利用较强的学习能力，通过成人专升本或自学考试等途径取得市场营销或管理专业本科学历，加强英语学习	1. 训练做事稳重踏实的品格 2. 结合未来要从事的行业，培养宽阔的视野和创新能力 3. 积极寻找重视员工能力及潜能的企业
结论：职业生涯初步定位为中小型企业的市场营销与策划			

7.1.3 制定职业生涯决策注意事项

一、需要结合自己的性格、特长和兴趣

职业生涯能够成功发展的核心，就在于所从事的工作要求正是自己所擅长的。如果一个人性格内向、不善与人沟通，没有很好的交际意识，那么这个人就很难成为一名成功的管理人员。制定职业生涯规划一定要认真分析自己的优缺点。

从事一项自己擅长的、并喜欢的工作，工作会很愉快，也容易脱颖而出。这正是成功的职业规划核心所在。

二、要考虑到实际情况，并具有可执行性

很多人刚开始时雄心壮志，一心想着出人头地。但是实际工作时面临着一定的挑战，要跨越这个鸿沟，更多的时候需要一个积累的过程——资历的积累、经验的积累、知识的积累，所以职业规划不能太过好高骛远，而要根据自己的实际情况和社会情况，一步一个脚印，层层晋升，最终方能成就梦想。

三、必须有可持续发展性

职业生涯决策不仅是一个阶段性的目标，还应该是一连串的、可以贯穿自己整个职业发展生涯的远景展望。如果职业生涯决策定得过于短浅，又没有后续职业决策点支撑，肯定会使人丧失奋斗的热情，且不利于自身长远发展。

 训练活动

根据自我认知分析和职业环境分析，运用 SWOT 分析法，为自己做一个优势、劣势、机会、威胁的分析，并制定应对的策略，将职业生涯决策的初步结论记录下来。

7.2 目标与行动计划

7.2.1 职业生涯目标

理想的职业生涯目标是指人们对未来职业生涯表现出来的一种强烈的追求和向往，是人们对未来职业生涯的构想和规划。行为科学认为，目标是一种刺激，合适的目标能够激发人的动机，规定行为的方向。人们把目标的价值看得越大，估计实现的概率越高，这个目标对他的激发力量也就越大。高职生由于知识、经验、阅历、态度、各自的利益等不同，因此，个人目标存在着差异。每个人对于自己预期的职业生涯目标各不相同，所以每个人都必须根据自己不同的需要确定自己的生涯目标。人们在寻找自己理想的职业生涯目标时应该将多种需要结合起来综合考虑，选择确定与自己的性格、特长、爱好等最接近的目标。

一、职业生涯目标的类型

在目标设定上，应根据主客观条件来设计，要保证目标适中，不可过高或过低。目标分为短期、中期和长期目标。短期目标也即大学阶段的目标，时间为入学至大学毕业前；中期目标从大学毕业后至毕业后五年内；长期目标从毕业后五年至毕业后十年。高职生职业生涯规划以立足短期目标为主，结合长期目标，并通过不断实现短期目标而最终实现长期目标。

1. **短期规划**

3 年以内的规划，主要是指大学期间需要掌握哪些知识、技能、职业素养等。

2. **中期规划**

一般为 3~5 年内的目标与任务。比如说大学毕业后继续深造，或找到一份合适的工作，或选择创业，等等。

3. **长期规划**

5~10 年的规划，主要设定较长远的目标。例如，规划 30 岁时成为一家中型公司的部门经理，规划 40 岁时成为一家大型公司的副总经理，等等。

4. 人生规划

整个职业生涯的规划，时间长至40年左右，设定整个人生的发展目标。例如，规划成为一个有数亿资产的公司董事。

陈某的目标

陈某是某职业技术学院计算机应用技术专业的大一新生，为了避免大学毕业后就业走弯路，她根据自己所掌握的职业生涯规划知识为三年大学生活做了一个规划。

她根据大家的评价和各种测验，发现自己是一个较为外向开朗的人，对社会经济问题感兴趣，擅长分析，对数字很敏感。弱点：气势压人，难以与他人合作；考虑问题深度不够，文字表达能力欠佳。据此，她确定的毕业目标是：毕业后进入一家知名管理顾问公司。而要达到这个目标，她必须加强文字表达能力和沟通能力的培养，加强英语表达能力的培训，并且在专业学习上有成果。然后，她制订了如下计划：

一年级的目标：初步了解职业，提高人际沟通能力。主要内容有：和学长们进行交流，询问就业情况；以学习为主，在学好基础知识的前提下，积极参加学校活动，增加交流技巧；了解一些管理方面的知识。

二年级的目标：努力学习专业知识，提高专业素质，为自己将来的职业打下坚实的基础。主要内容有：努力学习本专业的知识，尽力获取一些对自己将来有帮助的证书；继续参加社会活动，同时在假期做一些与自己专业相关的兼职，锻炼自己的工作能力。

三年级的目标：顺利毕业，并获得一份较满意的工作。主要内容有：顺利完成自己的毕业设计；收集职业信息，选择就业单位和就业岗位；凭借前几年积累的人际关系和工作经验，找到一份令自己满意的工作。

二、职业生涯目标的特征

1. 短期目标

① 目标表述清晰、明确。

② 目标对于本人具有意义，与自我价值观和中长期目标一致，有可能暂时不能完全满足自己的兴趣要求，但可"以迂为直"。

③ 目标切合实际，并非幻想。

④ 有具体明确的完成时间。

⑤ 有明确的努力方向，通过努力能达到适合环境需要的能力，实现起来完全有

把握。

⑥ 目标精练。

2. 中期目标

① 目标是结合自己的志愿、组织的环境及要求制定的，与长期目标相一致。

② 目标基本符合自己的兴趣、价值观，使人充满信心，且愿意公之于众。

③ 目标切合实际，并且未来的发展有所创新，有一定的挑战性。

④ 目标能用明确的语言定量与定性说明。

⑤ 目标有比较明确的执行时间，根据外部环境变化可做适当的调整。

⑥ 目标可以发挥自己的能动性，实现的可能性非常大。

3. 长期目标

① 目标是自己认真选择的，和组织、社会的发展需求相结合。

② 目标很符合自己的兴趣、价值观，能为自己的选择感到骄傲。

③ 目标能用明确的语言定性说明。

④ 有实现的可能，并有更大的挑战性。

⑤ 目标与志向相吻合，能够立志通过努力实现理想。

⑥ 目标与人生目标相融为一，指导自己为创造美好未来坚持不懈。

三、职业生涯目标的制定原则

1. 可行性原则

根据自己的能力和特点，实现这个目标是现实的、可能的，实现目标的步骤是务实有效的。

2. 可量化原则

这个目标尽量以一种能够用数字加以衡量的方式来表达，尽量不要用宽泛的、一般的、模糊的或抽象的形式。

3. 适己性原则

这个目标是自己真正想去做的事情，而不是别人强加的。

4. 挑战性原则

目标或措施具有一定的挑战性，需要付出一定的努力实现目标。

5. 一致性原则

主要目标与分目标具有一致性，不同阶段的目标具有延续性，个人目标与组织发展目标具有兼容性。

6. 激励性原则

目标符合自己的性格、兴趣和特长等，能够对自己产生内在激励作用。

7. 全程原则

目标的制定必须考虑到生涯发展的整个历程,做全程的考虑。

7.2.2 职业生涯规划之行动

行动就是做与执行。"立即行动"是一个成功者必须具备的基本素质。唯有行动才能决定你的价值。行动可以让你的梦想和目标从思想步入现实。

法国著名军事家拿破仑说:"想得好是聪明,计划得好更聪明,做得好是最聪明。"大学生职业生涯目标规划制定好之后,下一步的关键是根据这一规划制订配套的实施方案,并依实施方案来行动。如果说目标是结果,那么实施方案就是过程,是根据目标所制定的为了达到目标而必须采取的行动措施。并且要以一切为自己负责为原则,根据实施的实际情况,及时调整、完善、总结。

没有达成目标的行动,目标就难以实现,也就谈不上事业的成功。这里所指的行动主要是指落实目标的具体措施,一定要具体到细节和步骤,并具有可行性,主要包括教育、培训、实践等方面的措施。例如,在职业素质方面,计划学习哪些知识,掌握哪些技能,开发哪些潜能,等等。

故 事 案 例 二

一名报关专业学生的英语学习计划

我是某职业技术学院报关与国际货运专业的学生。学习大学英语的目的就是让我们具有较强的阅读能力、一定的听说能力及初步的写作与翻译能力,能以英语为工具,获取专业所需要的信息,并为以后进一步提高实用英语水平和促进职业发展打下较好的基础。

表7-5是我大一期间的英语学习计划(学习实施方案)。

表7-5 大一期间的英语学习计划

	英语学习				
	词汇(4 000)	阅读	听力	语法	写作
10月	1 000	10篇文章	听英语短句	掌握教材中涉及的语法知识	写句记
11月	800	20篇文章	听Special English		写日记
12月	700	30篇文章	听中级美国英语		写日记加评语
1月	600	30篇文章	听中级美国英语		写短文
2月	500	30篇文章	听中级美国英语		写短文
3月	400	30篇文章	听中级美国英语		对时事加评语

为此,我每天的英语学习时间安排如表7-6所示。

表7-6 每天的英语学习时间

实施时间	词汇	阅读	听力	写作
6:30—7:00	背词汇			
7:00—7:30			练听力	
21:00—21:40		阅读课文		
21:40—22:00				写英语日记

三个月后,我对这一学习方案实施结果进行了总结和评估,找到了存在的差距,分析了差距产生的原因,并针对此原因对原实施方案进行了修正(7-7)。

表7-7 修改后的英语学习计划

	词汇	阅读	听力	语法	写作
阶段目标	2 500	60	能听懂中级美国英语		写日记评语
实施结果	3 000	40	能		还不能做到每天写日记
存在差距	+500	-20	基本达到		未达到
差距产生的原因	用的时间多	时间不够	基本做到		时间安排不够
修正措施	每天缩短10分钟	每天增加阅读时间	维持原计划	适当减少语法练习时间	每天增加10分钟

实施后,我如期完成第一学年英语学习实施方案,顺利通过考试,这样的一份学习计划让我轻松跨过了这一道门槛。

故事案例三

一名机械或电子专业的学生,目标是成为机械或电子高级技师,那么,应该问自己下列几个问题:

第一,在校我需要掌握哪些知识点和学习哪些技能?如何让我的老师在这方面给自己更多的帮助?

第二,我需要参加哪些培训、学习、考核,才能够有资格做一名工人技师?

第三,我在成为技师的发展路上需要排除哪些来自内部和外部的障碍?

第四,如何让我所在公司的上司和师傅、工友在这方面给自己需要的帮助?

第五,如何在我所处的企业寻得有利于自己目标实现的机会?

第六,一个高级技师应具有怎样的经验水平?自己怎样做才能达到这个条件?

如果你是一个学财务的学生,但你的5年、10年或20年个人职业规划是希望成为

一个理财规划师。那么,你应该问自己下列几个问题:

第一,在校我需要掌握哪些知识点和学习哪些技能?如何让我的老师在这方面给自己需要的帮助?

第二,我需要哪些特别的培训和学习,才能够使我有资格做一名理财规划师?

第三,为使自己发展道路顺利通畅,需要排除的内部和外部障碍有哪些?

第四,我所在公司的上司和同事在这方面能给我帮助吗?我周围的人在这方面能给我帮助吗?

第五,我所在的公司对我最终成为理财规划师的可能性有多大?是否比在其他公司机会更大?

第六,作为理财规划师这个职位的经验水平和年龄层次是怎样的?我是否符合这个范围?

7.2.3 职业生涯规划的评估、反馈与修正

一、职业生涯规划的评估

1. 评估的内容

(1) 职业生涯目标评估(是否需要重新选择职业)

假如一直无法找到我们所希望的学习机会和工作,那么可以根据现实情况重新选择职业生涯目标。如果一直无法适应或胜任所制定的职业生涯目标,在学习、工作过程中得不到应有的发展,甚至导致我们长期压抑、不愉快,或该职业给家庭造成了诸多的不便,家人反对所从事的职业,这时候就需要修正和调整职业生涯规划。

(2) 职业生涯路径评估(是否需要调整发展方向)

当出现更适合自身发展和职业生涯发展的机会或选择,而原定发展方向缺少发展前景的时候,就可以尝试调整发展方向,选择新的职业发展路径。

(3) 实施策略评估(是否需要改变行动策略)

如果在向目标努力的过程中,没有收到实际的效果,则可以考虑改变行动策略。

(4) 其他因素评估(身体、家庭、经济状况及机遇、意外情况的及时评估)

如果家庭需要更多的照顾,可把更多的精力放在家庭上,甚至暂时放下工作。如果自身条件不允许,可放低对自己的职业要求或对职业生涯做出调整。

2. 评估的方法

(1) 反思法

此方法是通过对职业生涯规划实践的回顾来评估自己的职业生涯设计是否合理。如

反问自己以下问题：职业生涯规划中计划的学习时间达到了没有？学习上有什么收获？还有哪些问题没有解决？所使用的方法是否合理？还有哪些可以改进的地方？

（2）调查法

个人生涯规划在每一近期目标实现后，对下一步的主（客）观环境、条件做些调查、分析，判断条件是否发生变化，如果有变化，哪些对你目标的实现有利，哪些可能成为你实现目标的障碍。要对这些变化做到心中有数，然后根据变化了的情况，适当调整和修改下一步的计划。

（3）对比法

在实施职业生涯规划时应多比、多思、多学，学习别人科学的方法，吸取别人有利的经验。分析别人的职业生涯规划，往往有助于个人对自己的职业生涯规划进行修改。

（4）求教法

把自己的职业生涯规划、追求告诉知己学友，让他们关注自己、监督自己。自我反思通常十分困难，而别人能站在旁观者的角度清楚地看到你的弱点。因此，大学生应虚心、主动地征求别人对自己计划的看法及修改意见。

3. 评估注意事项

评估可以参照各类短期、中期、长期预定目标和实际结果比照而行。一般来说，任何形式的评估都可以归结为自我素质和行为对现实环境的适应性判断。分析自己现在的情况和变化了的环境，然后比对所确定的目标，找出偏差所在，并对计划做出修正。

（1）抓住最重要的内容

在职业生涯的某一阶段，总有一个最重要的目标，其他目标都是指向这个核心目标的，我们完全可以通过优先排序，重点评估那些可能达到这个核心目标的主要策略执行的效果。

（2）分离出最新的需求

针对变化了的内外环境，要善于发掘最新的趋势和因素。对于新的变化和需求，要弄清楚怎样的策略才是最有效而且最有新意的。

（3）找到突破方向

有时候，在某一点上取得突破性的进展，将对整个局面产生意想不到的改变。想一想，先前职业生涯规划中的策略方案，哪一条对于目标的达成应该有突破性的影响？达到了吗？为什么没有达到？如何寻求新的突破？

（4）关注弱点

管理学中有个著名的木桶理论，即一只沿口不齐的木桶，其容量的大小不取决于最长的那块木板，而取决于最短的那块木板。在评估过程中，当然要肯定自己的长处与取得的成绩；但更重要的是切合变化的环境，发现自己素质与策略的"短板"，然后想办法修正，或者把这块短板换掉，或者接补增长。唯有如此，你这只职业生涯的木桶才能有更大的容量。一般来说，你的短板可能存在于下列方面：观念差距、知识差距、能力差距、心理素质差距。

二、职业生涯规划的反馈与修正

在职业生涯规划过程中，最后一个步骤是信息反馈。所谓信息反馈，就是沟通双方期望得到一种信息的回流。由于现实社会中不确定因素的存在，会使实际情况与原来制定的职业生涯目标有所偏差，这就要求我们不断地反省，并对规划的目标和行动方案做出调整，从而保证最终实现人生理想。从这个意义上说，反馈调整就是一个再认识、再发现的过程。这就要求我们时时注意内外环境的变化，不断地审视自我、不断地调整自我、不断地修正策略和目标，这个过程就是反馈，它可以确保个人生涯规划的有效性。

1. 反馈与修正的内容

获得反馈的信息后，常常要根据评估的结果进行目标和策略方案的修订。修订的内容包括：职业的重新选择、职业生涯路线的选择、阶段目标的修正、实施措施与行动计划的变更等。在这期间要做到谨慎判断，果断行动。谨慎判断就是无论变化多大，都要在理清来龙去脉后再做判断；果断行动就是要在判断后立即采取行动，重新修订自己的生涯设计，从而保证职业生涯的健康顺利发展，最终实现人生的职业理想。

2. 反馈与修正的目的

通过反馈与修正，可以达到下列目的。

① 增强自信心（我知道我的强项是什么）。

② 认识和把握发展的机遇（我知道自己什么地方还有待改进）。

③ 找出关键的有待改进之处。

④ 为这些有待改进之处制订详细的行为改变策略或计划。

⑤ 以合适的方式回应和感谢那些给予反馈的人。

⑥ 实施行动计划，确保取得显著的进步和成就。

3. 反馈与修正的注意事项

① 找一位职业导师，职业生涯规划是一个复杂的过程，我们需要付出自己的全部精力，但如果能够得到一位前辈的职业指导，将会帮助我们更加清楚自己的目标去向，更能掌握发展的策略，会大大加速达成目标的进程。

② 把目标和行动计划放在容易看到的地方，不断提醒自己要坚持不懈。有不少人在制定了规划以后就将其束之高阁，这是导致职业生涯规划失败的最大原因。为了保证规划的有效实施，一般来说，至少要每三个月就检查一下自己的行动进度。同时，还需经常审视职业目标和行动计划，必要时做出调整。

③ 针对自己需要提高的方面，从课堂培训、自学、辅导、实践、实习等多种方法中找到最佳方法，行之有效地缩小与目标的差距。

④ 职业生涯规划制定后需要不断检查、微调，必要时还可能做"大手术"。为此，我们必须时常审视自己处在何种位置、何种职业环境，尤其是市场需求有哪些变动，以 3~6 个月的周期给自己的规划做一个反馈。

⑤ 生涯规划目标的修正不能过于频繁。目标是经过严密程序制定出来的，在制定时包括了对未来的预测和不确定性的估计，所以在对目标进行修正时必须要谨慎。如果变更频繁，目标就失去了严肃性，目标本身也就失去了意义。此外，还容易产生两方面的后果：执行目标时不认真，把目标当成摆设，使实现目标变得不可捉摸；制定目标时不严肃，搞形式主义，敷衍了事，使目标的质量大打折扣。

1. 结合自我认知分析、职业环境分析及职业决策结果，制定职业目标，分为短期目标、中期目标和长期目标，并思考自己的人生目标。
2. 依据自己确定的职业目标，为自己制订一个详细的实施行动计划。

【思考题】

1. 常见的职业生涯决策方法有哪几种？
2. 制定职业生涯目标的原则是什么？

第八讲　撰写职业生涯规划书

每年，各个地方和院校都会举办职业生涯规划大赛，大赛以规划书、生涯设计展示的形式开展，每年也都能涌现出一批知己知彼、勇于展示、职业素质高的青年才俊。

职业生涯规划是一个导航仪，它由你自己设置目的地，调试路线，在过程中引领着你向目标进发，让你更能清晰自己的水平段位和实际需求，少走弯路，早日成功。因此，要做好职业生涯规划，拥有长期有效的"导航仪"，我们要将其成文——书写职业生涯规划书，并落实于行动、适时地调整。

8.1　职业生涯规划书的含义与类型

8.1.1　高职学生职业生涯规划书

高职学生职业生涯规划书，是指记载有高职学生职业生涯规划各类信息的文书，描述了学生在大学期间进行系统的职业生涯规划的整个过程。内容包括学业规划、成长规划、实践规划及毕业后的职业规划。该规划书不仅会对高职学生在校期间的学习生活质量产生影响，更会直接影响到高职学生的求职就业和未来职业生涯的成败。

8.1.2　职业生涯规划书的类型

一、文本型职业生涯规划书

文本型职业生涯规划书是指用文字描述的形式撰写的职业生涯规划书，特点在于阐述自由灵活，分析深入细致，有说服力（表8-1）。

表 8-1　文本型职业生涯规划书范本

文本型职业生涯规划书

个人基本资料

姓名：_____　　性别：_____　　出生：_____年_____月_____日

学校：_____　　院系：_____

联系电话：_____　电子邮件：_____　QQ：_____

撰写时间：_____年_____月_____日

目　录

1. 自我认知（结合正式评估与非正式评估工具）
   1.1　职业生涯规划测评（兴趣、性格、能力、价值观、学习风格等）
   1.2　360 度评估
   1.3　自我认知小结
2. 职业认知
   2.1　外部环境分析（社会、学校、家庭等）
   2.2　目标职业分析（行业、职业、岗位、任职资格、工作条件、晋升路径等）
   2.3　职业素质测评
   2.4　SWOT 分析
   2.5　职业认知小结
3. 职业生涯设计
   3.1　确定目标和路径（高职学生要以未来三年至五年规划为重点，设计出不止一条实现路径）
   3.2　制订行动计划（以未来三年至五年为重点，内容要包括备用计划）
   3.3　动态分析调整
   3.4　备选规划方案

二、表格型职业生涯规划书

表格型职业生涯规划书是指用表格形式来撰写职业生涯规划书，特点在于内容清晰明确，条理性强，一目了然，便于阅读与管理（表 8-2）。

表 8-2　表格型职业生涯规划书范本

一般情况	姓名		性别		年龄		身高	
	就读学校				院系			
	所学专业				感兴趣的专业			
	起止时间							
	年龄跨度							
自我认知	生理我							
	心理我							
	社会我							
	道德我							
	家庭我							
	优势我							
	完整我							

续表

环境认知	就业形势	就业	
		专转本	
		入伍	
		考公务员	
		留学	
		创业	
	国家政策	国家层面的就业创业优惠政策	
		国家的产业政策	
		区域性政府的就业创业政策措施	
		相关产业园区及优先发展的产业	
		本专业相关行业发展趋势、著名企业	
		与本专业就业有关的行业的准入标准、职业技能要求和就业形势	
		与工作和生活有关的幸福指数	
	职业探索的内容	职业描述	
		职业的核心工作内容	
		职业的发展前景及其对社会和生活的影响、作用	
		薪资待遇及潜在收入空间	
		岗位设置及不同行业、企业间的差别	
		入门岗位及其职业发展道路	
		职业标杆人物	
		职业的典型一天	
		职业通用素质及入门具体能力	
		工作与思维方式及对个人的内在要求	
	专业对应的职业准入门槛	相关职业资格	
		职业资格证书	
		职业等级证书	
		相关领域的法律常识	
目标决策	毕业目标		
	SWOT分析	优势	
		劣势	
		差距	

续表

规划目标	学业规划	专业学习规划		
		职业素养提升规划	职业技能提升	
			职业思想道德行为提升	
		准备毕业论文（设计）		
		准备毕业考试		
	成长规划	辩证看社会		
		学会专注性思维		
		努力向职业人转变		
		努力向社会人转变		
		进一步学会时间管理和财务管理		
		构建职业人脉圈		
		慎选恋爱对象		
	实践规划	参加几次大型专业性全国会议		
		选择几家相关企业实习		
		参加几场招聘会		
		准备几份简历和求职信		

三、混合型职业生涯规划书

混合型职业生涯规划书是指同时采用文本型与表格型两种形式来撰写的职业生涯规划书，它将以上两种形式灵活结合。

8.2 职业生涯规划书的结构与撰写

8.2.1 职业生涯规划书的结构

职业生涯规划书的结构是根据职业生涯规划实施步骤设计的，主干结构包括以下五个方面：

一、个人因素分析

客观分析自己的职业兴趣、职业能力、行为风格、职业价值观、个性特征等，了解自己喜欢干什么、能够干什么、适合干什么、最看重什么、人与岗位是否匹配，作为设定职业生涯目标和策略的基础，做出准确的职业定位。

二、职业因素分析

通过多种途径，尽可能获取目标行业、目标职业、目标单位的相关资讯，结合自己的专业情况、就业机会、职业选择、家庭环境、社会需求等因素，理性评估职业机会，以此作为设定自己职业目标的基础。

三、职业生涯目标

职业生涯目标应包括短期职业目标、中期职业目标和长期职业目标。目标应该制定得具体明确，便于分析考察，不能过于笼统。

四、制定措施步骤

在各个时期的目标中，还要细化，制定出相应的具体措施与步骤，以便于具体实施。如在业务方面，提高到什么程度、通过哪些渠道去提高；在工作技能方面，掌握哪些技能、如何掌握、参加哪些实践环节；在综合素质方面，学习哪些相关知识、看哪些书、如何管理及合理使用自己的时间。

五、评估调整计划

根据自我发展、社会变迁及其他不可预测的因素，主动适应各种变化，及时评估，灵活调整，不断修正、优化自己的职业生涯规划。

8.2.2 撰写在校三年的职业生涯规划书

撰写在校三年的职业生涯规划书，必须要在对自己及各种关联因素进行了详尽的分析后，结合自己的职业兴趣、职业能力、优势劣势分析、岗位决策、职业目标等，分步撰写（表8-3至表8-6）。

一、第一步：三年总规划

表8-3　我的大学三年生涯规划表

规划主题	规划时段	具体目标	
学业规划	一年级	上学期	
		下学期	
	二年级	上学期	
		下学期	
	三年级	上学期	
		下学期	
成长规划	一年级	上学期	
		下学期	
	二年级	上学期	
		下学期	
	三年级	上学期	
		下学期	
实践规划	一年级	上学期	
		下学期	
	二年级	上学期	
		下学期	
	三年级	上学期	
		下学期	

二、第二步：分年度规划

表8-4　新生职业生涯规划表

规划目标	学业规划	学会自主学习	
	成长规划	学会与人相处	
		学会自我管理	
		学会成人思维	
		学会独立生活	
		熟悉校园	
适应大学	学会感恩	给父母写一封感恩信 给中学老师写一封感恩信 给新的舍友或同学写一封感谢信 计算大学学习成本	

表 8-5　低年级学生职业生涯规划表

规划目标	学业规划	通识能力学习规划	
		专业基础学习规划	
		初步了解专业网站、杂志	
	成长规划	养成良好的生活习惯	
		培养健康的兴趣和良好的心态	
		树立正确的恋爱观	
		学会自我管理	
		培养良好的思维方式	
		培养科学的世界观	
		拥有梦想	
		学会分析形势	
	实践规划	参加几个社团	
		参加几次义工	
		参加几次实习	
		参加几次院级活动	
		访谈几位职场人物	
		参加几次职业体验	
		写出几篇实践论文	

表 8-6　高年级学生职业生涯规划表

目标决策		毕业目标		
		SWOT 分析	优势	
			劣势	
			差距	
规划目标	学业规划	专业学习规划		
		职业素养提升规划	职业技能提升	
			职业思想道德行为提升	
		准备毕业论文		
		准备毕业考试		
	成长规划	辩证看社会		
		学会专注性思维		
		努力向职业人转变		
		努力向社会人转变		
		进一步学会时间管理与财务管理		
		构建职业人脉圈		
		慎选恋爱对象		
	实践规划	参加几次大型专业性全国大会		
		选择几家相关性企业实习		
		参加几场招聘会		
		准备几份简历和求职信		

8.3　职业生涯规划书撰写注意事项

8.3.1　注意事项

目标设定要现实可行。一定要结合自身特点和情况，不能完全脱离现实。要认清兴趣与能力、能力与社会需求都是存在一定差异的，我们所要做的是在这诸多因素中找一个结合点，将自己的经历经验、专业技能、兴趣特长都有机地结合起来，这样的职业目标才会有生命力。

对自己的认识要全面客观。分析自我仅凭自我认识及他人评价是不全面的，也缺乏足够的理论依据。正确的做法是将个人认识、他人评价和人才素质测评结果有机结合，形成一个较为全面的自我认知，据此设定的目标的可信度才较高。

措施要有可行性。针对职业目标制定的措施一定要具有可行性，这是评价规划书的一个重要部分。最好制订出长期、中期、短期计划，并拟订详细的执行方案和时间限制。

规划书应有自己的风格和特色。无论是行文的风格、叙述的方式、文案的设计，还是职业目标的选择、职业路线的设计等，不同的见解和风格才能最吸引别人，要想出色，就要力争做到创新，要彰显自己的个性与特色。

撰写规划书还有几忌：忌大，忌空，忌记流水账，忌条理不清，忌文法不通、错别字，忌过于煽情、没有理性分析，忌死气沉沉、没有朝气。

8.3.2 常见问题

一、认识自我中的问题

缺乏个人志向。大多数学生都忽视这个问题。志向是事业成功的基本前提，立志是人生的起跑点，所以，在制定职业生涯规划时，首先要确立志向，这是制定职业生涯规划的关键。

1. 认识自我的途径单一

90%以上的学生都是通过职业生涯测评系统来认识自己的，途径较单一。应该是：测评＋现任教师（辅导员）的评价＋同学（室友）的评价＋亲人朋友的评价。可以采用面谈或问卷调查的方式来获得这些评价。

2. 认识自我的内容不够全面

大部分学生忽略个人的情商，而这个因素对职业生涯有着非常重要的影响。

3. 兴趣、经验和能力的展示与未来职业目标关联度不大，未突出自己的职业能力优势

例如，某人的兴趣爱好是旅游，但选择的却是与旅游无关的职业，如做大学教师。正确的做法应该是，兴趣、社会实践经验和能力的展示应与未来职业有一定的关联度，而且要认真地分析它们对未来职业有何帮助。有了职业生涯规划，学生的社会实践就不会盲目而会有所选择。如果未来职业目标是房地产销售经理，那么社会实践就选择与房地产销售有关的活动。

二、环境分析中的问题

1. 环境分析没有特殊性

只介绍家庭经济情况的好坏、家庭期望等，而没有介绍家族文化。只介绍学校性质，却忽视了介绍社会认可度、校风、专业、专业主干课程及成绩，以及适合本专业的工作领域。往往从宏观的角度来评估就业形势，缺乏针对性。比如，某职业技术学院大多数毕业生在本校所在城市及周边地区就业，就应该从具体就业区域的角度来评估就业形势，这样显得全面具体。同时还应评估该行业在该地区的就业形势，如商务英语专业学生打算在某城市就业，那就应该分析该城市的英语人才供需市场、竞争对手等方面内容。

2. 注重行业发展趋势，关注岗位能力不够

大部分学生对行业进行了比较详细的分析，诸如国家对该行业的政策扶持、行业发展潜力等，但对岗位所需能力关注不够。要清楚未来职业的工作内容、工作环境、任职条件（所需的知识、能力、经验和证书等），以及相适应的职业兴趣类型。

3. 对行业、岗位了解的途径单一

学生要懂得通过网络、报纸、人才招聘会、行业展览会、专业协会、职场人物访谈、毕业的学长、在职人员以及行业领军人物、职业生涯规划师、搜索引擎和实际接触等多种渠道来了解行业与岗位。

三、职业定位中的问题

1. 定位分析不明

大多数人没有考虑选择该职业目标的原因、达到目标的途径，以及达到目标所需的能力、训练和教育，没有提到达到该目标可能遇到的助力和阻力。

2. 专业与职业关联度小

部分学生在做职业定位时，并没有把自己的专业能力与职业所需能力一一对应起来。例如，专业是会计，其职业目标是心理咨询师。这不是不可以，但要具体分析自己在大学里有无相关的知识储备、有无相关的社会实践。浪费所学知识，去从事别的工作，要特别慎重考虑，不能仅凭个人喜好做出重大决定。

3. 目标订立过于理想化

学生缺乏对行业、职位的了解，体验不到真实的职业环境，目标的订立往往理想化，而且具体行动计划又脱离实际，目标制定较为理想化。可以考虑发挥自己的长处，往这方面发展则机会更大些。有远大的理想固然是好，但一味追求速成，会导致择业时眼高手低，结果反而是欲速则不达。学生最好根据自己的专业知识做出职业规划，最重要的是抱着积极而又务实的心态，先从底层做起，积累经验。

四、计划执行中的问题

1. 计划可操作性不强

学生学的是德语，选的是机电类职业，计划中没有考虑达到该职位需要的社会实践和学习计划。而毕业后的计划只是对未来职业岗位的具体描述，没有前辈的指导。执行计划模糊，即使有社会实践和学习计划，但是没有可操作的内容。比如：目标是英语口语好，这就是一个模糊且没有可操作性的目标。

2. 计划制订不详细

计划应分为总体计划和阶段性计划。总体计划指的是一生总的职业目标；阶段性计划至少有两大部分，就是在校期间与大学毕业后。大学期间制订的计划应该具体详细，要制订学年、学期、月、周计划，甚至每天都要有计划。具体到学习计划、双休日活动计划、勤工助学计划、寒假企业调研计划、暑假社会实践计划等。

计划中应包括提高学习和工作效率的措施，如学习哪些专业知识、掌握哪些职业技能、提高哪些业务能力、如何开发潜能、如何提高情商、如何坚持计划、如何调整计划等相应措施。

3. 重考"证"轻实践

大多数学生特别强调拿英语四、六级证书，计算机等级证书及各类中高级资格证书等，但是很少提到与职业相关的社会实践。在校大学生只有通过参加社会实践，才能知道自己所学是不是将来的职业所需，自己能不能胜任将来的工作。如果不能，那么应该尽快完善。

4. 想当然的多，结合实际的少

例如，某学生制订了一份将来要成为物流行业管理人员的计划：基层管理（一年）—初级管理（两年）—中级管理（三年）—高级管理（五年）。这个计划是如何制订出来的呢？是请教了在职人员，还是自己想当然的呢？大学生应该多和社会职场人士沟通、交流，获取足够的行业、企业和岗位信息，以保证职业规划的社会性和可实施性。应该结合自我认识，发挥自己的长处，尽量使计划执行具有可操作性。

五、反馈修正中的问题

1. 不能坚持反馈与修正或反馈与修正过于简单化

有些学生根本就没有反馈与修正这个步骤，每天晚上没有评估自己的计划执行情况及明确第二天的计划。有些学生虽然有，但过于简单化，只是提到如果未能按原计划实行，那么就从事别的工作，也不说明为什么选择这份职业作为自己的第二选择。

2. 计划与备用方案之间缺乏内在联系

比如计划是从事报社的广告营销工作，备用方案是从事保险公司销售工作。也有计划与备选方案可能都行不通。例如，报关专业的学生，计划当报关员，备选方案做律师。这两个职业都要经过严格的考试，很有可能都无法通过，这就起不到反馈与修正的作用。也有的大学生以为备选方案多多益善，不管前面做出了多少分析，总要先参加公务员考试。大学生应根据自我发展需要与社会需求的变化，与时俱进，灵活调整，不断修正、优化职业生涯规划，主动适应各种变化，积极做好职业生涯规划。

画一个美丽的"职涯之圆"

人的职业生涯，就像是一个圆，而我们的一生就是在画这个"职涯之圆"。

你我共知，画圆需要两个条件，一个是圆心，另一个就是半径了。只有这两个条件同时具备，画一个美丽的圆才成为可能。

开始勾画职业生涯之时，我们首先需要确定一个目标，就如同在画圆之初首先要确定圆心那样。这个目标就是我们的职业生涯之圆的圆心了，因为目标是引领一个人取得成功的最重要条件。

"圆心"确定之后，为了能够在职业生涯之路上持续获得成功，我们必须不断延长画圆所必备的第二个条件——"半径"。在职业生涯这个"圆"里，"半径"就是我们所应该拥有的综合能力，即能力素质、专业技能和经验。在这个职业化的社会里，一个人是否受到认可，是否得到重用，是否获得发展，均与之密切相关。

要画一个美丽的圆，首先要有一个固定的圆心。因为，无论你的"半径"有多长，如果没有"圆心"这个支点，那么你永远也无法成功画一个圆。如果"圆心"不固定，经常忽左忽右摇摆不定的话，则必然导致你画的圆不规则，必然出现很多的重合和交叉。落实到职业生涯的设计上，典型的表现就是朝三暮四、跳槽频繁，其职业生涯始终在低层次徘徊。

要画一个美丽的圆，还要不断延长"圆"的"半径"。延长"半径"就是要不断扩大专业知识面，提高专业技能，积累更多更有用的经验，优化自己的能力素质结构，使自己的职业获得延伸和拓展，不断提升自己的职场价值。

随着你的职业目标的逐渐清晰，能力素质的不断提高，视野的不断拓宽，职业生涯之"圆"的"圆心"就会愈加清晰和固定，职业生涯之"圆"的"半径"就会愈加延伸和增长，所画出"圆"的周长和面积就会随之增大，换言之，就是职业生涯的不断丰富和美丽。

其实，这个"圆"就是我们的职业势力范围，"圆"的外面是美好的世界。随着个人的努力，我们的职业生涯之"圆"会越画越大，我们与外面世界的接触会越来越多，所尝试的职业层次也就会越来越高，我们就越能触摸到成功。

从另一个角度讲，你目前所在的学校就是你的"圆心"，同伴和老师的认可就是你的"半径"，立足现在，眼光向外，这同样也是职业生涯设计的一个上佳路线。立足现在，能助你积蓄力量，储备能量；眼光向外，能让你认清自我，坚定信念！

通过这样稳步、扎实、精确地确定圆心、延长半径的画圆过程，我们的职业就在自然的状态下获得了成长，我们的职业生涯之圆也当然变得美丽而精彩了。

依照文本或表格型的模式（表8-1、表8-2），撰写今后这10年内《我的职业生涯规划书》，并踊跃参加职业生涯规划大赛。

【思考题】

1. 撰写职业生涯规划书的注意事项有哪些？
2. 作为一名在校学生，你在撰写职业生涯规划书时，遇到了哪些瓶颈，你将如何克服？

第九讲　求职前期准备

常言道：机会只留给有准备的人。求职是一项需要精心谋划和准备的工程，大学生若想获得向往已久的职位，就要做好充足的求职准备，争取"旗开得胜"。

9.1　获取就业信息

被破格录用的应届生

某高职院校室内设计专业应届毕业生小王，平时爱好广泛、积极钻研，热爱平面设计，在学好自身专业的同时，坚持绘画、电脑艺术设计练习，并报名参加了相关短期培训班，一、二年级就利用寒暑假时间到广告公司实习，先后进入过好几家规模不小的广告公司。三年级实习的时候，她精心选择了一家有名气的公司。由于聪明好学得到了她所在实习公司几位资深设计师的指点，技艺大进，设计作品多次获得多种奖励。

这家公司今年只安排实习，不招新员工。因此小王在顶岗实习期间，抱着"试试看"的想法参加了人才市场举办的春季人才交流大会。她发现了一家知名的广告公司，但当她兴奋地前去时，却看见广告公司的招聘条件赫然标明：大专以上学历、艺术设计专业、具有一定工作经验者优先。

经过冷静的分析，小王觉得自己可以胜任，便勇敢地前往那家广告公司招聘处主动求职，递上了自己的求职资料和一本厚厚的作品集。

公司招聘人员看她是一名高职生，非艺术设计专业，而且还是应届毕业生，就想婉言谢绝。小王坚持请他看看她的资料，招聘人员翻看了她的资料，被她丰富的实习经历，尤其是那一本设计作品集吸引了，破例给了她参加面试的机会。面试中，她以特有的自信乐观和较强的专业实践能力，在众多大学生中脱颖而出。招聘小组为此专门向公司总经理打了报告，请求特批录用。公司总经理在了解情况后，同意特批录用小王。小王如愿进入公司后，果然有出色的表现，在短短的时间内成为公司的业务骨干。三年后，她成为这家公司的设计总监。

高职生求职不能当井底之蛙，而是要运用多种手段去探索世界；要重视对就业信息的搜集、整理、分析和使用，为选择一个适合自己的职业提供有力的依据。

9.1.1 获取就业信息的渠道

一、学校就业服务中心

学校就业服务中心（也称学校就业指导中心）是各个学校毕业生求职的一个重要渠道。它的优点在于针对性强，与专业相关的职位信息丰富，所介绍的企业和学生们的学历、素质、技能等关联度高、岗位适应度强。同时，对比招聘现场会，竞争对手相对少一些（各高校限制外校学生访问就业网）。缺点是提供的职位受专业限制严重，获取的信息局限于本校。

二、政府就业指导机构

在我国，为帮助高校毕业生更好地就业，教育部成立了全国高校毕业生就业指导中心，各地也相继成立了毕业生就业指导机构。这些机构的一项重要任务是与毕业生和用人单位进行信息交流，提供咨询服务。

三、招聘会

目前的招聘会主要有两种：一种是大型综合招聘会，一般选址在大型的展览中心、体育馆。众多类型公司到现场发布用人信息并与求职者见面。大型的招聘会一般每季度或每半年举办一次。另一种是规模比较小的专业人才招聘会，一般由一所或几所学校组织，参加的用人单位都是来自特定的行业。

四、互联网

互联网作为开放式的信息平台，具有信息量大、成本低、方便快捷等优势，越来越受到大学生的青睐。但网络求职应注意防范网上求职骗局。求职者一定要登录正规网站，在可能的情况下，可通过熟人或电话，仔细核对用人单位信息。

五、传媒载体

通过广播、电视、报纸、杂志的专栏报道，获取有关就业政策、热门话题讲座、招聘信息等,这是获取职位信息最传统和最常见的求职方式之一。

六、社会关系网

在求职时,不要忘记有效利用周围的亲朋好友的社会关系。毕业生可以通过家长、亲友、老师或校友,了解就业信息,获取就业机会。

七、社会实践和教学实习单位

社会实践和教学实习有利于大学生开阔视野,使他们有机会了解这些单位的需求信息和对毕业生的具体要求。这些信息准确可靠,毕业生与用人单位又有一定的沟通基础,相对来说命中率高,竞争对手少,目标明确,针对性强。

八、个人创业

创业是目前解决我国就业问题的一种有效手段,也是国家重点扶持和鼓励的。根据教育部的要求,各地已经开展创业培训,一些学校还制定政策,对创业者给予奖励。

故事案例二

小赵的求职秘籍

毕业生小赵从找工作开始,就一直关注校园招聘会的信息,她通过高中时的同学,拿到了好多学校就业网登录的账号和密码,并且跟一起找工作的同学商定,每天"互通有无",相互提醒有哪些重要的招聘会,这样就可以将所有能够知晓的校园招聘会信息"尽收眼底"。

小赵每天晚上必做几件事情:

(1)在本校就业网上查询第二天的招聘会信息。查询内容包括招聘单位、时间、地点、需求职位、职位要求等。

(2)登录外校就业网,查询该校第二天的招聘会信息。

(3)打电话、发短信询问一起找工作的"盟友"第二天的招聘信息,以防自己疏忽大意漏掉重要信息。

(4)比较多个招聘信息,根据自己找工作的目标,决定第二天去哪些招聘会。

通过这种缜密的信息搜集办法,小赵没有错过任何一场自己想去的招聘会,获得了很多好的应聘机会,不到三个月,她就通过校园招聘会拿到了一家著名外企的录用通知书。如果你在每个学校至少找一个同学做自己的"线人",随时了解各个学校的招聘会信息，那么你就会获得比别人多得多的求职机会！

9.1.2 就业信息的运用

一、就业信息的处理

大学生在求职择业过程中获取的信息数量众多，这就要求大学生要根据自己的实际需要对搜集到的信息进行处理，去伪存真、去粗取精，提高就业信息的针对性和时效性，以便更好地为自己的择业服务。

1. 科学地掌握就业信息

大学生在择业过程中需要掌握的就业信息很多，不仅包括用人单位的需求信息，还包括经济社会发展情况、就业政策、行业动态等。毕业生可通过对就业信息的分类、加工、整理，把握社会政治、经济等各方面的发展动态，并据此分析当年社会的就业形势，对各行各业、各层次人才的需求情况有总体的认识，以便及时调整个人在择业中的预期目标，选定自己最需要的就业信息。

2. 准确地鉴别就业信息

大学生获取就业信息的渠道多种多样，获得的信息真伪难辨，首先要确定其真实可靠的程度。除了自己亲身实践获得的就业信息外，其他就业信息原则上都需要进一步甄别。有些招聘者出于损人利己的目的，利用大学生求职迫切的心理，发出带有引诱性、欺骗性的信息。这就需要我们提高警惕，分析和鉴别信息的真伪。要通过一切可能的知情人、企业官方宣传途径等，尽可能多地掌握更多的情况。

3. 有针对性地筛选就业信息

大学生在处理就业信息时，应舍去不适合自己的信息，及时地、有针对性地保留或者寻找适合自己的社会需求信息，以节省时间和精力。

4. 合理地利用就业信息

① 尽快与用人单位取得联系，以免在自己犹豫不决时错失良机。因为信息是具有时效性的，错过了这个时机就等于错过了这个机会。

② 根据就业信息的要求及时调整自己的知识、技能结构，提高自己的工作能力，弥补原来的不足。如发现自己哪方面的知识不足，就主动去学习；发现自己哪方面的技能欠缺，就赶快参加培训。

③ 及时输出对他人有用的信息。有些信息对自己不一定有用，可是对他人却十分有用，遇到这种情况，千万不要抓住这些信息不放手。输出对他人有效的就业信息，不仅可以帮助他人顺利就业，还增加了与他人交流信息、增进友谊的机会。

二、了解用人单位的招聘信息

依据所拥有的就业信息，经过筛选、比较，科学决策，使自己最后瞄准一个或几个相对确定的目标之后，接着所要面临的就是求职面试了。对大学毕业生而言，要想顺利通过面试关，就必须对用人单位的组织文化、经营理念、管理方式、产品结构、用人制度及其以往的历史和今后的发展情况有所了解。虽然把握就业信息的深度，并不必然决定能被录取，但可以增强应聘的针对性，提高录用的可能性。

1. 查询用人单位的信息

在对就业信息进行查阅和分类分析后，毕业生对自己重点落实的单位要进行以下几个方面的调查和了解：

① 用人单位的准确全称、性质及上级主管部门。
② 用人单位的联系方式，如人事部门联系人、电话、通信地址、邮政编码等。
③ 用人单位需要的专业、具体工作岗位。
④ 用人单位对所需人才的具体要求。
⑤ 用人单位的地点、工作环境及待遇，包括工资、福利、住房、奖金等。
⑥ 用人单位的现有综合实力、规模、效益，主营业务及远景规划，在行业中的竞争地位。
⑦ 利用企业生命周期原理进行分析。企业生命周期是指企业生存大致经历四个阶段：投入期、成长期、成熟期和衰退期。

对这些信息的查询方法，可从以下几个方面入手：一是使用"天眼查"网站抄录用人单位的全称、地址邮编、电话号码、负责人姓名等备用；二是通过其他网站等用人单位信息公开发布渠道查找有关资料；三是寻找已经在该单位工作的亲友、同学或其他关系，向他们直接了解本单位的详细情况。采取这种方式所获得的用人单位的信息是最直接、最可靠的。

2. 研究用人单位的信息

认真研究用人单位的信息是指根据自己的应聘需要，对用人单位的重要信息，进行较深层次的分析研究，为应聘做好充分准备。大学毕业生要尽量深入地了解公司的经营范围、经济效益、产品构成、生产规模、分支机构设置、企业文化、公司发展前途等基本情况。对一个企业而言，在生命周期的不同发展阶段，会有不同的用人需求。处于投入期的企业，会为大学生大展身手创造有利条件，其工作特点：一是工作量大，需经常加班加点赶工期；二是需要人员充当多面手，不管分内分外都要忙活；三是能接触最高上司；四是薪酬不会很高，但晋升的机会通常较多，短时间内就可能升到较高的位置。但企业基础尚不够稳固，所以要承受较大的经营风险。处于成长期的企业，晋升的机会也较多，但个人发展的速度略微缓慢。处于成熟期的企业，制度体系都已上了轨道，想在此较快获得晋升的可能性不大，工作生涯可能会比较漫长，对此要有心理准备。

分组讨论，通过哪些渠道获得的就业信息可信度更高、求职成功率更高？并说明原因。

9.2 准备求职材料

就业材料是毕业生用来和用人单位取得联系、介绍个人基本情况、全方位展现个人风采的各种说明性和证明性的材料，在择业过程中，这些材料有着举足轻重的作用。一份完整、直观又有吸引力的就业材料是大学毕业生的敲门砖。就业材料一般包括毕业生就业推荐表、个人简历、求职信或自荐信、各种证明材料等。

9.2.1 毕业生就业推荐表

"毕业生双向选择就业推荐表"（以下简称"推荐表"）是由学校统一印制的，一人一份。求职阶段学生尚未取得毕业证书，因此，推荐表是毕业生在该阶段用来证明身份及基本情况的有效凭证。用人单位一般据此了解毕业生的基本情况。推荐表原件需妥善保存，只有在与用人单位正式签订就业协议时，才可将推荐表原件交给用人单位。

填写推荐表务必整洁、清晰、实事求是。填表注意事项：

第一，姓名与学籍一致。

第二，学历填毕业时的学历。

第三，政治面貌一般为党员、预备党员、团员或群众。

第四，入学前所在地写到市（县）一级，注明××省××市××县。

第五，高职生的个人经历可从高中开始填写。

第六，在校任职情况：现任的与曾经担任过的班干部或学生组织负责人都可填写。

第七，奖励情况：曾经获得过的学校等各级各类奖励都可填写。

第八，求职意向：根据自己所学专业填写。

第九，推荐意见由所在班级的班主任填写并签章。

第十，学校主管部门意见由学校就业指导（推荐）部门填写并签章。

推荐表如图9-1所示。

2022届毕业生双向选择就业推荐表

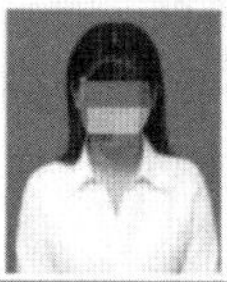

学校：　　　　　　　　　　代码：　　　　　　　　学号：

姓名		性别		学历		专业			
培养方式		是否师范类		政治面貌		民族		出生年月	
生源地区						联系电话			
掌握外语种类		熟练程度						健康状况	
入学时间		毕业时间				身份证号			
在校期间担任的主要职务情况									
专业主要课程									
特长爱好									
奖惩情况									
学校评语									
学校推荐意见	学校毕业生就业工作部门(盖章) 年　月　日								

说明：1、此表每位毕业生限发一份，可在http://www.91job.org.cn验证。

2、此表同时应附学校教务部门签发的成绩表。

3、可附其他自荐材料。

江苏省教育厅印制

图 9-1　2022 届毕业生双向选择就业推荐表

为保证推荐表的真实性、严肃性、唯一性，学生填写好推荐表后，由学校就业推荐部门集中办理审核、盖章手续。学校因对毕业生的情况比较了解，故它是比较有权威和说服力的材料。

9.2.2　求职简历

求职简历，是求职者个人生活、学习、工作等各方面情况的如实反映，也是求职者递送给招聘单位的一份简要介绍，为求职者创造面试机会。现在很多毕业生都习惯于通过网络来求职，所以一份出色的个人简历对于获得面试机会显得尤为重要。

一、简历的内容

① 基本情况。包括姓名、性别、出生日期、籍贯、民族、学历、专业、政治面貌、健康状况、家庭住址、联系方式等。

② 求职意向。有调查显示，约有 40% 的招聘企业希望在求职者的简历上看到明确的求职意向。因此，最好在简历中写明自己的求职意向，明确告诉企业你能做什么，或从事哪一方面的工作，让招聘者一目了然。

③ 学习经历。

④ 工作经历。

⑤ 专业技能。

⑥ 奖励和荣誉。

⑦ 自我评价。

二、简历的撰写要点

1. 简历内容要与应聘岗位的要求相吻合

简历不是个人信息的大量罗列，应尽可能了解用人单位的岗位设置和用人需求，然后展示自己相对应的契合点，避免千篇一律。

2. 简历内容真实，扬长避短

内容一定要真实，切勿造假和夸张，不能让用人单位认为你在撒谎。如果你觉得自己资质平平，在自我评价时可以突出愿意吃苦，愿意从底层做起，不计报酬，愿意学习，等等。

3. 条理清楚，突出重点

据调查，招聘者审阅一份简历通常最多用 30 秒的时间，如果没有一份脉络清晰、信息准确的简历，很难脱颖而出。所以我们写简历的时候要重点突出、清晰明了、突出亮点。

4. 表述简洁，格式规范

文字简练、避免重复，1~2 页为宜，格式规范、清晰美观。千万不能有错别字。

5. 量身定做

简历制作要注重"量身定做"。应聘不同的岗位，要突出不同的特长，重点强调和该职位相适应的某项技能。

撰写简历的过程，其实就是你在寻找自己与应聘岗位的契合点。不仅需要从主观的角度考虑，挖掘并展现出自己的优势，还需要从职位的角度客观地评价自己竞聘的岗位：处在哪个行业？是何种类型的用人单位？具体的职位是什么？它会看重具有哪些素质的应聘者？会喜欢怎样风格的简历？如果你能正确地揣摩出招聘单位的意图，并在自己的简历中有所表现，那你就更容易成为用人单位眼中最适合这个职位的人。

二、求职简历示例

图 9-2 为一份求职简历示例。

个人简历

姓名	×××	出生年月	1998.08	
民族	汉	身　　高	177cm	
电话	×××××××××	政治面貌	中共党员	
邮箱	××××@126.com	毕业院校及学历	***职业技术学院 市场营销专业	照片
住址	××省××市	学　　历	大专	
求职意向	市场专员			

教育背景

2015-09—2017-06　　　×××职业技术学院　　　市场营销（专科）

主修课程：管理学、微观经济学、宏观经济学、管理信息系统、统计学、会计学、财务管理、市场营销、经济法、消费者行为学等。

实习经历

2016-09—至今　　　×××有限公司　　市场营销（实习生）

- 负责公司线上资源的销售工作（以开拓客户为主），公司主要资源为广点通、智汇推、小米、360、沃门户等。
- 实时了解行业的变化，跟踪客户的详细数据，为客户制订更完善的投放计划（合作过珍爱网、世纪佳缘、56视频、京东等客户）。

校内实践

2016-03—2016-06　　　×××有限公司　　　　跟岗实习

- 整体运营前期开展了相关的线上线下宣传活动，中期为进行咨询的人员提供讲解。后期进行了项目的维护，保证了整个项目的完整性。
- 带领本校团队超额完成规定的业绩，绩效占到公司当季的30%左右。

获奖情况

第一学年：校优秀团员、校二等奖学金。
第二学年：校三好学生、国家励志奖学金。
第三学年：省优秀学生干部、学院社会实践优秀个人。

技能证书

普通话一级甲等。
大学英语四/六级（CET-4/6），良好的英文听、说、读、写能力。
通过全国计算机等级考试二级考试，熟练运用Office相关软件。

自我评价

本人性格开朗，为人真诚，思维活跃，勇于挑战，对互联网保持高度的敏感性和关注度，熟悉产品开发流程，有很强的产品规划、需求分析、交互设计能力，能独立承担App和Web项目的管控工作，具有较强的责任心和团队意识。

图 9-2　求职简历示例

9.2.3 求职信

求职信是求职者在了解就业信息后有目的地向用人单位做自我介绍。求职信的主要目的是拉近求职者与人事主管（负责人）的距离，提高获得面试机会的可能性。

一、求职信的写作格式

求职信的写作格式与一般书信的写作格式大致相同，包括标题、称呼、正文、结尾和落款。

1. **标题**

标题是求职信的标志和称谓，要求醒目、简洁、庄雅。需用较大字体标注"求职信"三个字，显得大方、美观。

2. **称呼**

称呼是指对主送单位或收件人的称呼，要正式、准确，且在实际书写时要区别对待。例如，写给企业人力资源部，可用"尊敬的××经理"等。

3. **正文**

正文是求职信的核心部分。正文要另起一行，空两格开始写。正文内容应当包括以下几部分：

① 简单的自我介绍，如姓名、年龄、学历、专业、特长等。
② 简单说明求职信息的来源。
③ 说明应聘职位，表达出对应聘工作感兴趣的原因和到招聘单位工作的愿望。
④ 重点说明个人具备的能够胜任工作的条件。

4. **结尾**

结尾一般包括两个方面的内容：一是盼回复，如"热切盼望您的回复""期待能获得面试的机会"，等等；二是祝词，如"顺祝安康""祝贵公司兴旺发达"等词，也可用"此致敬礼"之类的通用词。

5. **落款**

落款包括署名和日期。需要注意的是，不管求职信是打印的还是手写的，署名一定要手写，并在下方写上具体的日期。

二、求职信的撰写要点

求职信最忌讳篇幅过长、与简历内容重复。求职信篇幅以两三百字为宜，说些对于你所申请职位的见解及你针对这个职位所具备的优势等。写好求职信要做到："三要""三忌""三突出"。

"三要"：一是书写要清晰，清楚地表达出自己的适应能力、工作态度和发展潜力；二是态度要诚恳，展现出自己对应聘单位及拟从事的工作有着浓厚兴趣，但是用语要得体；三是格式要规范，在形式和内容上都要符合求职信的撰写要求。

"三忌"：一忌盲目自信，甚至提出过分要求；二忌洋洋洒洒，述说自己对几乎所有职业都有能力和兴趣，一副"包打天下"的架势；三忌主题不明，事无巨细，写成一份流水账式的学习工作总结。

"三突出"：一突出自己的优点和长处；二突出自己具有的特殊能力和技术；三突出学校、所学专业和个人的知名度。

三、求职信（自荐信）示例

求职信

尊敬的贵公司领导：

您好！

感谢您在百忙之中翻阅我的自荐信，对一个即将迈出校门的学子而言，这将是一份莫大的鼓励。我叫×××，是××职业技术学院药品生产技术专业××届毕业生。我从××网站上得知贵公司欲招聘质控专员，故冒昧给您写信应聘。

大学期间，我在老师的指导和自己的努力下，学习掌握了扎实的理论基础知识，熟悉了实验场所常用仪器与设备。同时，我在课外时间广泛地学习了应用软件及很多有关专业书籍，不仅充实了自己，也培养了自己多方面的技能。我有较强的管理能力、活动组织策划能力和人际交往能力，曾担任×××，作为学生干部，我工作认真，学习刻苦，成绩优异，得到学校领导、老师、同学的一致认可和好评，多次获得校三等奖学金、三好学生和校"优秀共青团员"荣誉称号，还获得过校"学生会优秀干部"称号。

作为工科生，我对基本功尤为重视，平时认真做实验，注意锻炼动手能力，大二期间参加了大学生实验创新项目，圆满完成了任务并和其他成员一起发表了一篇论文。通过努力，我还获得了英语四级和全国计算机等级考试二级证书。

实践上，我积极地参加各种实践活动，比如校内的书法大赛等。抓住每一个机会，不断锻炼自己。假期时间去做了寒、暑假工，我深深地感受到，看似简单的事情，其实也没那么容易做好，这使我获益匪浅。

大学里，丰富多彩的社会生活和井然有序而又紧张的学习气氛，使我得到多方面不同程度的锻炼和考验。正直和努力是我做人的原则；沉着和冷静是我遇事的态度；爱好广泛使我非常充实；众多的朋友使我倍感富有！更重要的是，严谨的学风和端正的学习态度塑造了我朴实、稳重、创新的性格。很强的事业心和责任感使我能够面对任何困难和挑战。

我相信自己能够胜任贵公司质控专员一职。贵公司现代化的经营理念、广阔的发展空间都深深地吸引着我。如果能成为贵公司的一员，我愿意从基层做起，努力工作，为公司做出自己的贡献。

随信寄上本人简历及相关证件的复印件，请审阅。

祝愿贵单位事业蒸蒸日上，再创佳绩！希望领导能够对我予以考虑，再次感谢您阅读我的自荐信。热切期盼您的答复。祝您工作顺心！

邮　　箱：×××

联系方式：×××

此致

敬礼！

求职人：×××
××××年××月××日

根据自身实际情况和想要应聘的岗位，撰写一封求职信。

9.3　求职心理调适

对于大学生来说，求职择业是人生中的一个重要转折点，是大学生毕业实现从学生到职业人过渡的重要一环。然而，部分毕业生在求职过程中，由于对自我认识的不足和职业目标的混乱，容易出现一些心理偏差。

9.3.1　常见求职心理问题

一、迷茫和焦虑心理

临近毕业，许多大学生一边忙着完成毕业论文，一边面临着找工作还是继续深造的艰难选择，他们承受着较大的心理压力，这种压力不仅来自毕业季的紧张气氛，还来自家长的关心及同学间的竞争。尤其是看到身边的同学接二连三地找到了心仪的工作，而自己尚未有着落，许多毕业生深陷迷茫和焦虑的旋涡，甚至感到前所未有的彷徨。

此外，毕业生迫切地想要找到一份合适的工作，更多是为了衔接大学生活，让自己接下来的日子更有归属感和方向感。因此，职业的选择成了他们所面临的关键性问题。往往在这个时候，越是犹豫不决、摇摆不定，越容易给人带来迷茫感和焦虑感。

所以，不论是外在的压力驱动，还是内心深处的渴望和追求，毕业生在求职的过程中面临着种种波折，迷茫和焦虑成了常见的心理现象。

二、自卑和自负心理

就业强调个体能力、求职境遇及社会环境之间的关系协调，这就要求毕业生在求职过程中做出相应的认知和判断。部分毕业生由于对自身认知不足，表现出自卑或自负的心理。这两种类型的认知错位同个体对自身能力的错误评估息息相关。例如，有些毕业生因生理、家庭等方面的不足，对自己缺乏足够的信心，觉得自己能力不强，比不上那些高水平院校毕业的、家境殷实的学生，求职时常常带有自卑情结，采取退缩逃避的态度。而有些毕业生却持有过高的自我评价，十分自傲，对职业要求很高，许多用人单位根本入不了他们的"法眼"。这两种不良的就业心理往往是求职途中的绊脚石，不仅平添了许多障碍，也让求职者的就业面变得越来越窄。

三、攀比和"躺平"心理

求职期间，一场没有硝烟的"内卷"之战悄悄蔓延，毕业生的较量正在进行。激烈的竞争环境中，出现了两大典型的心理现象：一是攀比心理。除了个体能力的差异外，求职岗位也存在着等级之分，这让一些同学处在攀比之中，盲目进行不客观的比较，甚至为了找到比别人薪资待遇更好的工作，甘愿放弃那些适合自己、专业对口的职业。二是"躺平"心理。部分毕业生自诩是"佛系青年"的"躺平"标杆，在求职过程中由于屡次遭到挫折，对自己所面临的就业失去兴趣，甚至不思进取，直接任其发展，深陷恶性循环之中。

小林的烦恼

学生小林，男，某高校经济管理类专业2022届毕业生。学生家庭条件较为困难，平时父母要求严格，自我要求极高，性格要强。临近毕业，小林面临人生选择，是继续深造还是选择就业。

疫情的影响阻断了大部分线下宣讲、招聘会，加之小林自身求职目标较高但就业能力较差，简历投递后杳无音讯，一时找不到努力方向，小林陷入求职受挫困扰中无法自拔，出现迷茫、纠结、自我怀疑等复杂情绪。

案例中的小林同学，从本质上讲，是就业心理问题在疫情因素"放大镜"下的聚焦和呈现。面对高校毕业生基数压力和新冠疫情现实困境的双重因素影响，部分大学生未能树立正确的价值观、就业观、择业观，出现诸如自身就业期望偏高、就业能力偏差、升学志愿好高骛远，以及"慢就业""懒就业"、缺乏行动等就业困境，需要高校加强求职心理指导。

9.3.2 求职心理调适方法

一、转移注意，缓解求职焦虑

当你过于看重就业结果、深陷求职的焦虑时，可以通过转移注意力的方法，将精力或情感转移到其他的活动中，停止原先的精神内耗。例如，参与体育锻炼、外出散心、欣赏音乐等，让自己的状态由消极转向积极。

二、适度宣泄，改善不良情绪

在每天的学习和求职中，我们的心里会产生大大小小的情绪垃圾，就像电脑运行久了，会产生一些软件垃圾。一旦这些垃圾没有得到及时的清理，电脑就会卡顿。也就是说，不良情绪不断堆积，达到一定程度，会影响我们的求职及身心健康。所以，我们可以采取适度宣泄的方式改善不良情绪，如听音乐、找朋友倾诉、写信、品尝美食、旅游、玩游戏等。

三、自我反省，明确职业定位

自我反省是一种心理调节的方法，指的是在面对问题时，通过对问题的理智分析，并检讨自己的想法和行为，明确自己的定位。毕业生在面临就业困境时，唯有客观分析自己的能力水平和所处的就业环境，进行正确的自我认识、自我评价，明确自我职业定位，方能做出合适顺心的职业选择。

四、自我激励，树立就业信心

自我激励是指个体能为设定的目标努力工作的一种心理特征，也是一种积极的自我暗示，有利于树立求职者的就业信心。例如，在遭遇求职挫折时，可以通过喊话式的加油打气，不断告诉自己"我可以""我能行"，给自己灌输积极正面的想法，帮助自己直面挫折，勇敢应对。而在面试的过程中，我们也可以通过暗示自己"放平心态""不必紧张""我是最棒的"等方式来不断强化自己的自信心，积极主动地对待面试。

总而言之，求职这道选择题，是对我们每个人的现实考验。"凡事预则立，不预则废"，大学生在求职之前要做好充分的准备，要学会正确筛选、整理和运用好就业信息，精心准备好求职材料，调试好求职心态。所谓"准确的数据带来准确的决定""良好的心态是成功的关键"，只有做好了这些必要的准备，大学毕业生才能在求职中取得成功，开启自己的职业生涯。

根据以下材料，分组讨论。

A 同学：她成绩不如我，参加的活动也没我多，居然签了一个那么好的单位，我一定不能比她差。

B 同学：找工作靠的是实力，外表根本不重要。

C 同学：给五六个单位投了简历都没有回音，唉，被打击了，不想找工作了。

请分别对以上三位同学的就业心理进行分析，分小组进行汇报。

【思考题】

1. 根据自己所学专业及想要应聘的岗位，搜集三则合适的就业招聘信息，并完成下表：

公司名称			
职位类别			
职位名称			
职位描述			
工作地点			
招聘条件			
联系方式			
搜集途径			

2. 请根据你所学的专业，通过网络或人才市场寻找一份实习工作，并根据有关岗位信息的要求撰写一份个人简历。

附录

气质类型测量表

下面60道题大致可确定你的气质类型。若与你的情况"很符合"记2分,"较符合"记1分,"一般"记0分,"较不符合"记-1分,"很不符合"记-2分。请记好题号与相应的分数,以便于计算结果。

1. 做事力求稳妥,不做无把握的事。
2. 遇到可气的事就怒不可遏,想把心里的话全说出来才痛快。
3. 宁肯一个人干事,不愿很多人在一起。
4. 到一个新环境里很快能适应。
5. 厌恶那些强烈的刺激,如尖叫、噪音、危险的情景等。
6. 和人争吵时,总是先发制人,喜欢挑衅。
7. 喜欢安静的环境。
8. 善于与人交往。
9. 羡慕那些善于克制自己情感的人。
10. 生活有规律,极少违反作息制度。
11. 在多数情况下情绪是乐观的。
12. 碰到陌生人觉得很拘束。
13. 遇到令人气愤的事,能很好地自我克制。
14. 做事总是有旺盛的精力。
15. 遇到问题常常举棋不定,优柔寡断。
16. 在人群中从不觉得过分拘束。
17. 情绪高昂时,觉得干什么事都有趣;情绪低落时,又觉得什么都没意思。
18. 当注意力集中于一事物时,别的事很难使我分心。
19. 理解问题总比别人快。
20. 碰到危险情景,常有一种极度恐惧感。
21. 对学习、工作、事业怀有很高的热情。

22. 能够长时间做枯燥、单调的工作。
23. 符合兴趣的事情，干起来劲头十足，否则就不想干。
24. 一点小事就能引起情绪波动。
25. 讨厌做那种需要耐心、细致的工作。
26. 与人交往不亢不卑。
27. 喜欢参加剧烈的活动。
28. 爱看感情细腻、描写人物内心活动的文学作品。
29. 工作学习时间长了，常感到厌倦。
30. 不喜欢长时间谈论一个问题，愿意实际动手干。
31. 宁愿侃侃而谈，不愿窃窃私语。
32. 别人说我总是闷闷不乐。
33. 理解问题常比别人慢些。
34. 疲倦时只要短暂的休息就能精神抖擞，重新投入工作。
35. 心里有话宁愿自己想，不愿说出来。
36. 认准一个目标就希望尽快实现，不达目的，誓不罢休。
37. 学习、工作同样长时间后，常比别人更疲倦。
38. 做事有些莽撞，常常不考虑后果。
39. 老师讲授新知识时，总希望他讲得慢些，多重复几遍。
40. 能够很快忘记那些不愉快的事情。
41. 做作业或做一件事情，总比别人花的时间多。
42. 喜欢运动量大的剧烈的体育活动，或参加各种文艺活动。
43. 不能很快将注意力从一件事转移到另一件事上去。
44. 接受一个任务后就希望尽快把它解决。
45. 认为墨守成规比冒风险强些。
46. 能够同时注意几件事物。
47. 当我烦闷的时候，别人很难使我高兴。
48. 爱看情节起伏跌宕、激动人心的小说。
49. 对工作抱认真严谨、始终一贯的态度。
50. 和周围人们的关系总是相处不好。
51. 喜欢复习学过的知识，重复做已经掌握的工作。
52. 希望做变化大、花样多的工作。
53. 小时候会背的诗歌，我似乎比别人记得清楚。
54. 别人说我"出语伤人"，可我并不觉得这样。

55. 在体育活动中常因反应慢而落后。

56. 反应敏捷、头脑机智。

57. 喜欢做有条理而不甚麻烦的工作。

58. 兴奋的事常使我失眠。

59. 老师讲的新概念，常常听不懂，但是弄懂后就难以忘记。

60. 假若工作枯燥无味，马上就会情绪低落。

四种气质测试结果的评分与解释：

1. 把每题得分按下表题号相加，并计算各栏的总分。

胆汁质（A）2 6 9 14 17 21 27 31 36 38 42 48 50 54 58 合计

多血质（B）4 8 11 16 19 23 25 29 34 40 44 46 52 56 60 合计

黏液质（C）1 7 10 13 18 22 26 30 33 39 43 45 49 55 57 合计

抑郁质（D）3 5 12 15 20 24 28 32 35 37 41 47 51 53 59 合计

汇总：A（   ）；B（   ）；C（   ）；D（   ）。

如 A 栏得分超出 40 分，并明显高于其他 3 栏（>8 分），则为典型胆汁质，其余类推。

如 A 栏得分在 1~40 分之间，并高于其他 3 栏，则为一般胆汁质，其余类推。

如果出现两栏得分接近（<6 分），并明显高于其他 2 栏（>8 分），则为混合型气质，如胆汁质—多血质混合型，黏液质—抑郁质混合型等。

如 4 栏分数皆不高且相近（<6 分），则为 4 种气质的混合型。

多数人的气质是一般型气质或两种气质的混合型，典型气质和 3、4 种气质混合型的人较少。

凡是在 1，3，5，…奇数题上答 "2" 或 "1"，或在 2，4，6，…偶数题上答 "-1" 或 "-2"，每题各得 1 分，否则得半分。

计算你的总分。如果你是男性，得分在 0~10 之间，则表明你非常内向；得分在 11~25 之间，则表明你比较内向；得分在 26~35 之间，则表明你介于内外向之间；得分在 36~50 之间，则表明你比较外向；得分在 51~60 之间，则表明你非常外向。

如果你是女性，得分在 0~10 之间，则表明你非常内向；得分在 11~21 之间，则表明你比较内向；得分在 22~31 之间，则表明你介于内外向之间；得分在 32~45 之间，则表明你比较外向；得分在 46~60 之间，则表明你非常外向。

2. 四种气质类型的确定。

如果某类型气质得分明显高出其他三种，均高出 8 分以上，则可定为该类气质。如果两种气质得分接近，其差异低于 6 分，而且又明显高于其他两种，则可定为两种气质的混合型。如果三种气质得分均高于第四种，而且接近，则为三种气质的混合型。

3. 四种气质类型的特征。

胆汁质：直率，热情，精力旺盛，勇敢积极，有魄力，坚韧不拔，敢于承担责任，但情绪容易激动，脾气暴躁，表情明显外露，过分自信，有时独断专行，影响人际交往。（不可抑制型）

多血质：活泼好动，敏感，表情外露，反应迅速，善于交往，适应性强，但注意力容易转移，兴趣容易变换，做事缺乏持久性。（活泼型）

黏液质：安静，稳重，沉着，善于忍耐，但沉默寡言，情绪不易外露，反应较慢，不够灵活，因而比较固执，不容易接受新生事物，不能迅速适应变化的环境。（安静型）

抑郁质：细心，谨慎，感情细腻深刻，想象丰富，善于觉察到别人不易觉察到的事物，但较孤僻，多忧思，心地狭窄，疑虑重重，行动迟缓，缺乏果断，经不起强烈的刺激和猛烈的打击。（抑郁型）

人的四种气质类型没有好坏之分，不同气质的人的忍耐性、感受性、可塑性、敏捷性、兴奋性等都有所不同，每个人的气质都有其所长，也有其所短，因此，了解一个人的气质特点有利于发挥其优点，克服其气质方面的消极方面。